楽しく**算数**センスが身につく！

おりがみ百科

3・4・5才

おりがみで遊びながら「算数力」を育てましょう！

幼児をお持ちのお母さまたちからよく聞かれることがあります。

「どうやったら算数が得意な子どもになりますか？」

「算数好きに育てるにはどうすればいいですか？」

そのたびに、「まず具体的なものを使って、お子さまに達成感や楽しい体験をたくさんさせてあげてくださいね」とお話ししています。

幼児期に算数の力を育てるには、日常の遊びから学び、さまざまな体験から発見し、そして楽しみながら好きになることが大切です。

そして、おりがみは子どもたちが無意識のうちに「算数」の世界にふれることができる、とても優れた魔法の教材なのです。

おりがみと「算数」のつながり

❶ 数・形・推理（幼児のさんすう領域）の基本が身につく。

❷ 1枚の四角いおりがみからいろいろな形をつくることができ、達成感を味わえる。

❸ 平面だけでなく、立体まで組み立てることができる。

❹ 手指を自由に動かせるようになると、自分の思うような図が描けるようになる。

❺ 順序どおりにつくることで、筋道を立てて考える力がつく。

❻ 図形を頭の中で動かし、できる形を想像することで、先を見る力を育てる。

❼ 親子のコミュニケーションツールとしていっしょに楽しむことができる。

「さんかく」「しかく」「おおきい」「おなじ」「はんぶん」「うらがえす」「かさねる」などの「算数言葉」をたくさん使って、ぜひ親子で遊びながら楽しい時間を過ごしてください。

そして、「算数が好き！　算数が得意！」なお子さまを育てていただきたいと思っています。

知育監修　大迫ちあき（日本幼児さんすう協会代表理事）

親子でおりがみを楽しむコツ

折っている作品が難しかったり時間がかかったりすると、途中で飽きてしまうお子さまも少なくありません。そこで、親子でおりがみを楽しく折る、2つのコツを紹介します。

1 「今どこを折っているか」の確認を

「今ここまで折れたね。ここまでの折りかたで合っているかな？」と、形を照らし合わせて確認する会話をしましょう。合っていることがわかっていても、「大丈夫みたいだね」と親子で安心し合うことがお子さまにとって楽しい時間となります。

2 「見立て」をはさむ

折っている途中で四角の形が出てきたら、「けしごむかな?」「こんにゃくみたいだね」など、見立てをはさむことで飽きずにつくることができます。「この形まくらみたい！　ちょっとお昼寝しようか。グーグーグー（と、まくらにして寝るまね）……おっと！　続きを折らないと！」などと言いながら、ひと休みを交えることも効果的です。

もしも完全に飽きてしまったら、「今日はここまでにしようか。また明日折ろうよ。おりがみさん、明日会おうね。待っていてね」と切り上げるのもよいと思います。
「はやく折ろう」と焦らず、ゆったり気分で見守ってくださいね。

折り紙指導　津留見裕子（日本折紙協会師範）

もくじ

2 しかくからおろう

3 おなじかたちにおってスタート

4 おなじおおきさにおってスタート

5 さんかくのなかまあつめ

6 2まいのかみでつくろう

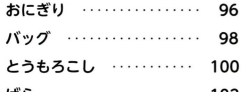

おりがみのきほん

まずは、おりがみのきほんをべんきょうしましょう。
おりかたをあらわす「おりず」や、きごう、マークをりかいすれば
いろいろなさくひんを、じょうずにおることができますよ。

たにおり

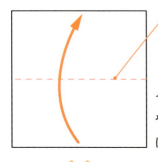

たにおりせん

「たにおりせん」が
うちがわになるように
やじるしの
ほうこうへおる。

たにおりせんが
うちがわになり
たにおりができた。

やまおり

やまおりせん

「やまおりせん」が
そとがわになるように
やじるしの
ほうこうへおる。

やまおりせんが
そとがわになり
やまおりができた。

マークのやくそく

むきをかえる
つぎのおりずとおなじ
かたちになるように、
おりがみをかいてんさ
せましょう。

うらがえす
おりがみをうらが
えします。うらが
えしたら、つづき
をおりましょう。

かくだい
おりずがおおきく
なります。

さんかくにおる

したのかどと
うえのかどをあわせる。

かどがぴったりと
あうようにおる。

しかくにおる

みぎしたとみぎうえのかど、
ひだりしたとひだりうえのかどを、
あわせる。

1こずつかどをあわせておる。

きれいにおるコツ

「ゆびアイロン」をかけよう

1かいおるたびに、ゆびをつかって「おりめ」に
アイロンをかけましょう。「おりめ」がしっかり
ついて、きれいにおることができますよ。

おりめ

おりすじをつける

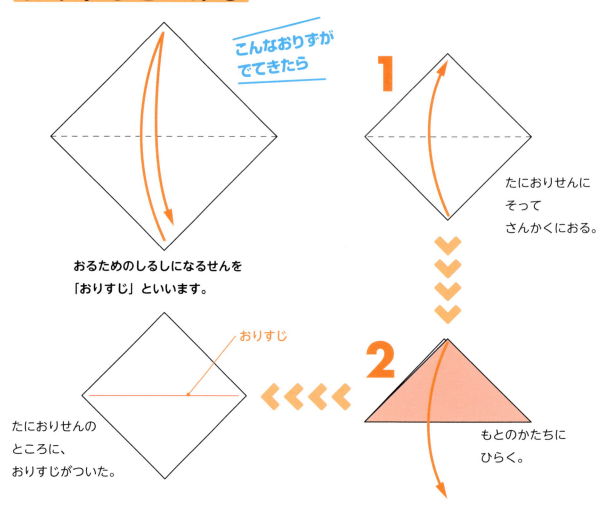

こんなおりずが
でてきたら

おるためのしるしになるせんを
「おりすじ」といいます。

1
たにおりせんに
そって
さんかくにおる。

2
もとのかたちに
ひらく。

おりすじ

たにおりせんの
ところに、
おりすじがついた。

おるむきのコツ

「したからうえ」におろう

うえからした、ひだりからみぎ……
「おりにくい」とおもうおりずがで
てきたら、「したからうえ」になる
ように、おりがみのむきをかえてみ
ましょう。

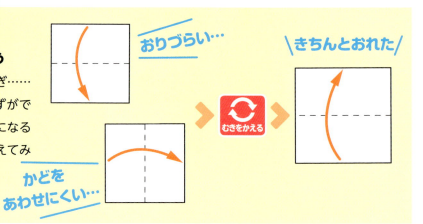

おりづらい…

\きちんとおれた/

むきをかえる

かどを
あわせにくい…

ひらいてつぶす

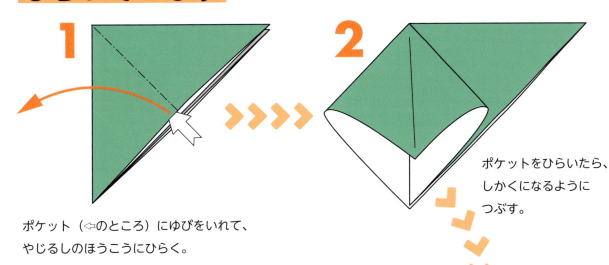

1 ポケット（⇦のところ）にゆびをいれて、
やじるしのほうこうにひらく。

2 ポケットをひらいたら、
しかくになるように
つぶす。

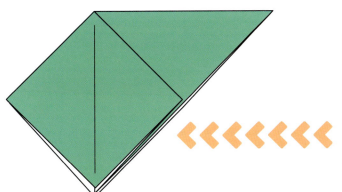

さんかくのポケットをひらいてつぶすと、
しかくのかたちになりました。

ポケットのなかにゆびをいれて
もうかたほうのゆびでつぶす。

はさみをつかうとき

はをもってわたそう
はのぶぶんを、じぶんのてでにぎり、もつとこ
ろをあいてにむけて「どうぞ」とわたします。
はさみをつかうときは、おとなのひとといっし
ょにつかいましょう。

どうぞ

おぼえておきたい
さんすうことば

おりがみをおるときには、さんすうのことばをつかいます。

おりかたをよみながらおると、さんすうのべんきょうになりますよ。

しかく

4ほんのちょくせんでかこまれた
かたち。かどが4こあります。

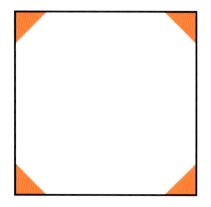

さんかく

3ぼんのちょくせんでかこまれた
かたち。かどが3こあります。

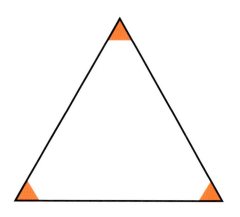

▲ **かど** かたちのなかにある、とがったところを「かど」といいます。

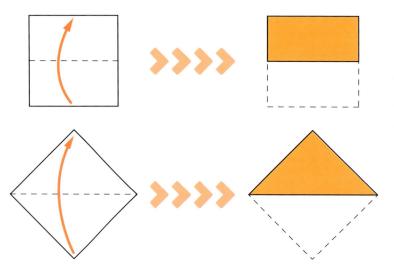

はんぶん

かどとかどをあわせてお
ると、おおきさが「はん
ぶん」になります。

1

さんかくからおろう

おりがみをさんかくにおると、おやまのできあがり。
おやまから、いろいろなかたちをつくりましょう。

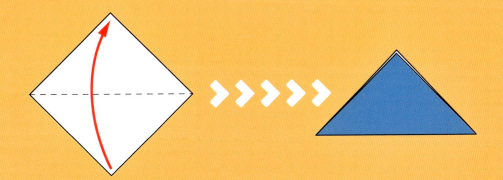

ふね

★★★
むずかしさ

うみにぷかぷかうかぶ、かっこいいふね。
「1、2」とかぞえながらおりましょう。

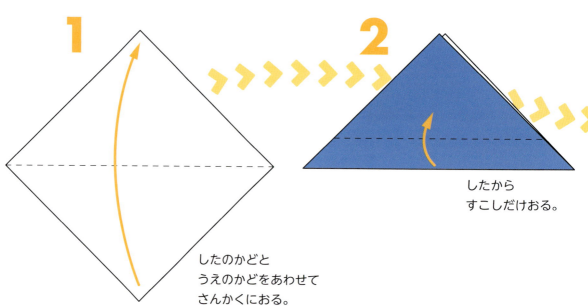

1

したのかどと
うえのかどをあわせて
さんかくにおる。

2

したから
すこしだけおる。

できあがり

いろいろ
お折ろう

いろいろな形の ふねをつくろう！

1 でかどが合わなくても、2 でまっすぐに折り上げられなくても大丈夫。「裏の色が見えてかっこいいね」「クルーザーみたいだね！」と声をかけながら、いろいろな形のふねをつくりましょう。

いろんなかたち、かっこいい！

13

ちょうちょう

むずかしさ

ひらひらとそらをとぶ、きれいなちょうちょう。

ピンク、きいろ、しろ、みずいろ、すきないろでおりましょう。

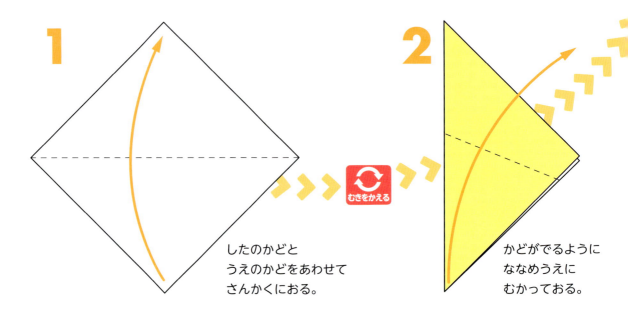

1

したのかどと
うえのかどをあわせて
さんかくにおる。

むきをかえる

2

かどがでるように
ななめうえに
むかっておる。

14

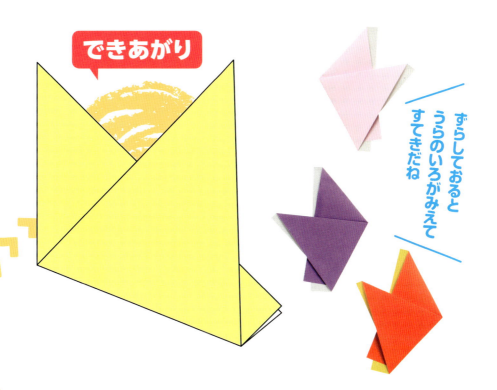

できあがり

ずらしておると
うらのいろがみえて
すてきだね

遊んで
みよう

好きな模様を描こう

ちょうちょうが完成したら、クレヨンや色鉛筆で好きな模様を描いてみましょう。

ぐるぐる

できた！

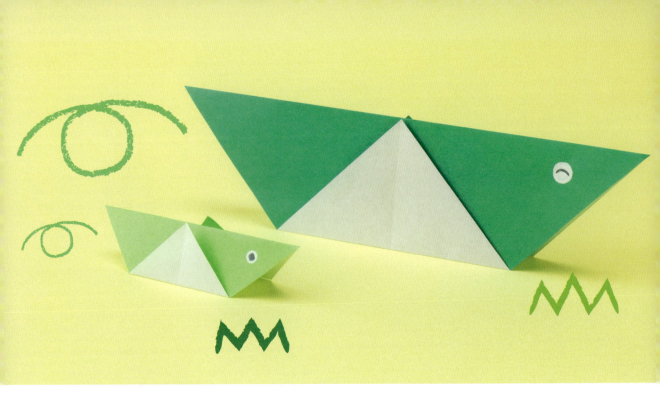

バッタ

さんかくのかっこいいあしで、ぴょんぴょんとんでいきそうですね。
さんかくがいっぱいできあがります。

1

したのかどと
うえのかどをあわせて
さんかくにおる。

むきをかえる

2

よこはんぶんに
おってからもどす。

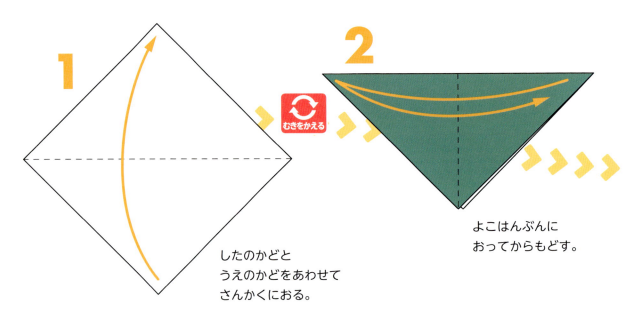

できあがり

4

したのかどが
うえにつくように
おる。

うらがえす

3をおったところ

3

したのかどが
うえにつくように
おる。

はねている
みたい

算数に
つよくなる

バッタの中に
三角は何個ある？

完成したバッタの形を見てみましょう。
三角が3個集まってできていますね。

17

チューリップ

⭐️☆☆
むずかしさ

さんかくでつくる、いろとりどりのチューリップ。
たくさんならべて、おはなばたけをつくりましょう。

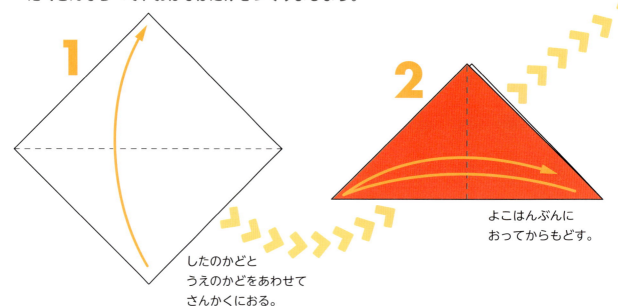

1

したのかどと
うえのかどをあわせて
さんかくにおる。

2

よこはんぶんに
おってからもどす。

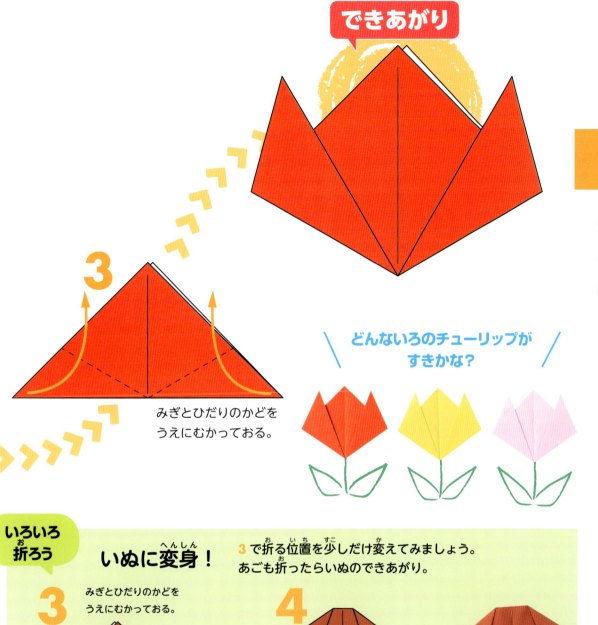

できあがり

3

みぎとひだりのかどを
うえにむかっておる。

どんないろのチューリップが
すきかな？

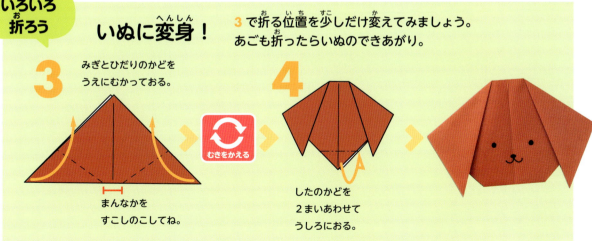

いろいろ
折ろう

いぬに変身！

3で折る位置を少しだけ変えてみましょう。
あごも折ったらいぬのできあがり。

3

みぎとひだりのかどを
うえにむかっておる。

まんなかを
すこしのこしてね。

むきをかえる

4

したのかどを
2まいあわせて
うしろにおる。

はな

むずかしさ

どんなはながさいたかな？
しろいしかくのなかに、はなをかいてみましょう。

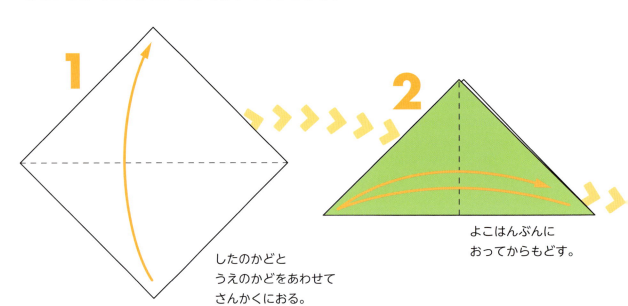

1 したのかどと
うえのかどをあわせて
さんかくにおる。

2 よこはんぶんに
おってからもどす。

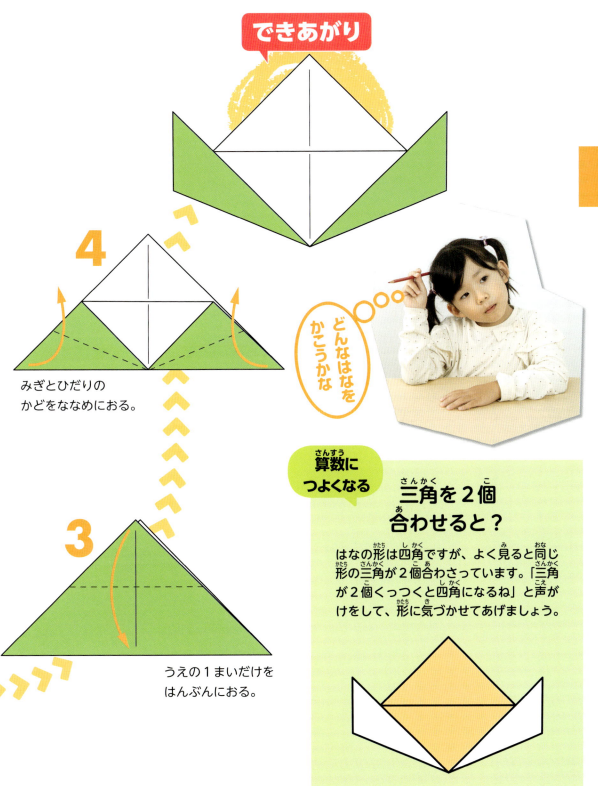

でき**あがり**

4

みぎとひだりの
かどをななめにおる。

どんな
はなを
かこうかな

3

うえの1まいだけを
はんぶんにおる。

さんすう
**算数に
つよくなる**

**三角を2個
合わせると？**

はなの形は四角ですが、よく見ると同じ
形の三角が2個合わさっています。「三角
が2個くっつくと四角になるね」と声が
けをして、形に気づかせてあげましょう。

かき

 むずかしさ

あきのたべものといえば、かき。
へたはさんかくのかたちですね。

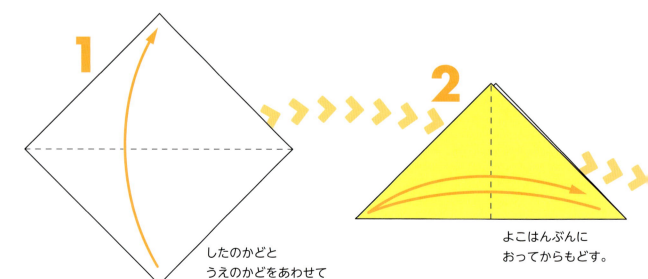

1 したのかどと
うえのかどをあわせて
さんかくにおる。

2 よこはんぶんに
おってからもどす。

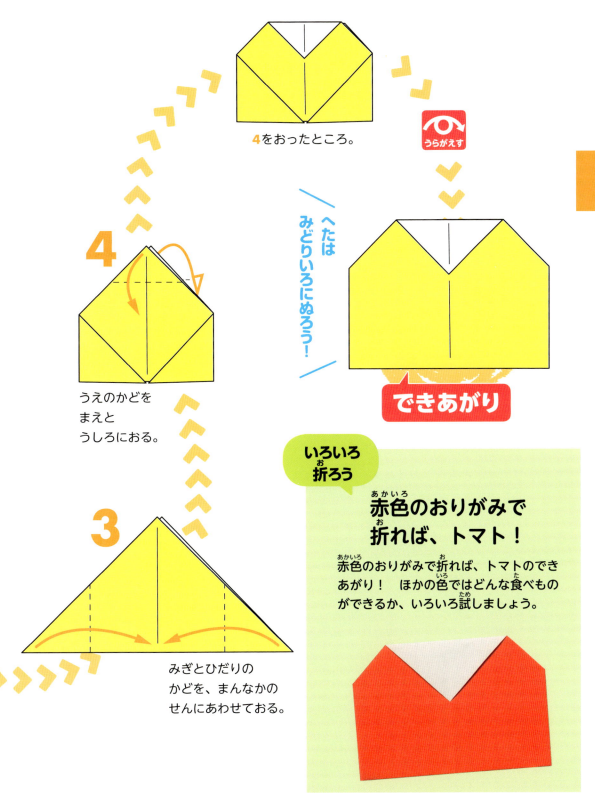

4をおったところ。

うらがえす

へたは
みどりいろに
ぬろう！

できあがり

4

うえのかどを
まえと
うしろにおる。

3

みぎとひだりの
かどを、まんなかの
せんにあわせておる。

いろいろ
折ろう

赤色のおりがみで
折れば、トマト！

赤色のおりがみで折れば、トマトのでき
あがり！　ほかの色ではどんな食べもの
ができるか、いろいろ試しましょう。

ぼうし

おおきいさんかくと
ちいさいさんかくでできた
まほうつかいのぼうしです。

むずかしさ

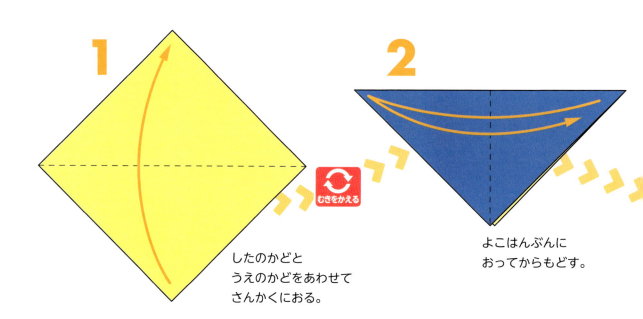

1

したのかどと
うえのかどをあわせて
さんかくにおる。

むきをかえる

2

よこはんぶんに
おってからもどす。

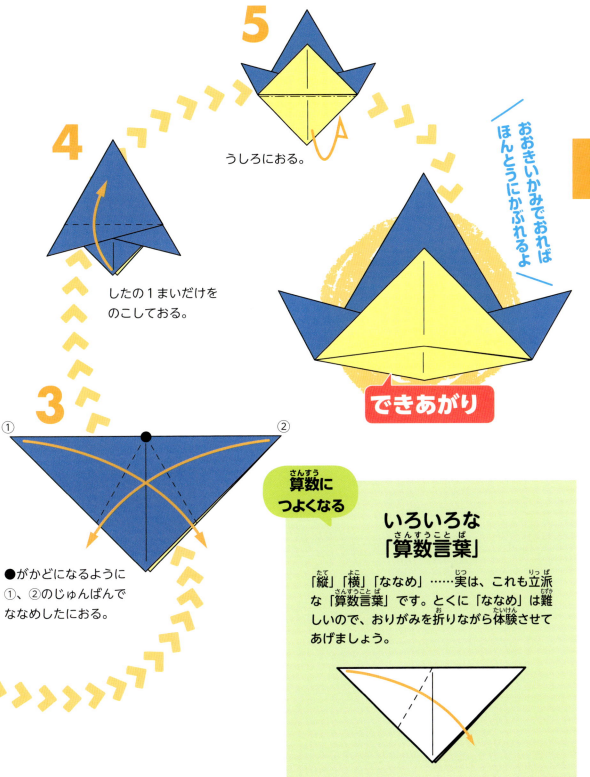

5

うしろにおる。

おおきいかみでおれば
ほんとうにかぶれるよ

4

したの1まいだけを
のこしておる。

できあがり

3

① ②

●がかどになるように
①、②のじゅんばんで
ななめしたにおる。

算数に
つよくなる

いろいろな
「算数言葉」

「縦」「横」「ななめ」……実は、これも立派
な「算数言葉」です。とくに「ななめ」は難
しいので、おりがみを折りながら体験させて
あげましょう。

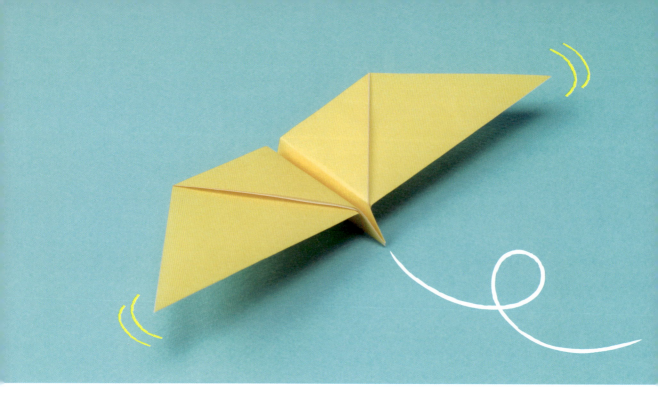

くるくるちょうちょう

★★☆
むずかしさ

しかくいはねをもったちょうちょう。
なまえのとおり、くるくるまわりながらとびますよ。

1

したのかどと
うえのかどをあわせて
さんかくにおる。

2

かどがすこしだけ
でるように
2まいあわせてしたにおる。

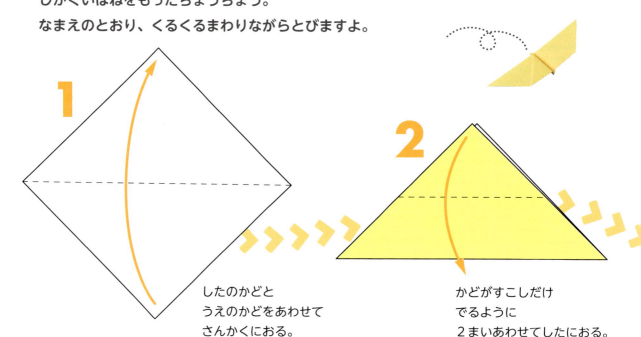

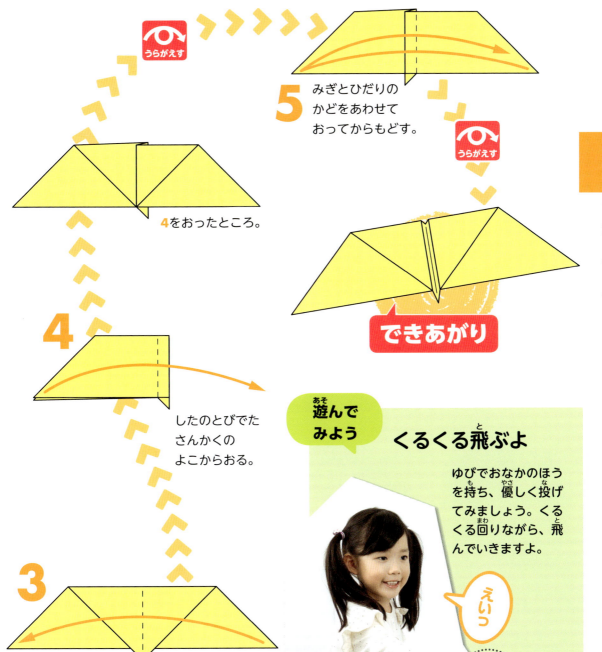

5 みぎとひだりの
かどをあわせて
おってからもどす。

うらがえす

うらがえす

できあがり

4をおったところ。

4 したのとびでた
さんかくの
よこからおる。

3 よこはんぶんに
おる。

**遊んで
みよう**

くるくる飛ぶよ

ゆびでおなかのほう
を持ち、優しく投げ
てみましょう。くる
くる回りながら、飛
んでいきますよ。

えいっ

ふじさん

むずかしさ

にほんでいちばんたかいやま。3776 メートルもあります。
てっぺんにゆきがつもっているみたいですね。

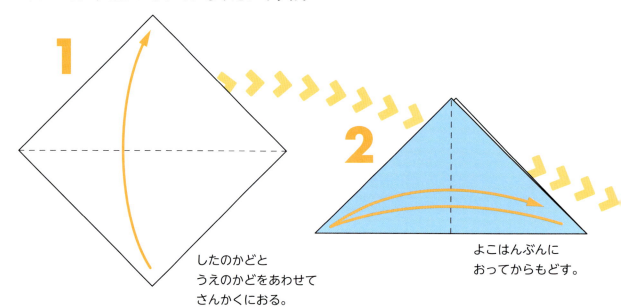

1 したのかどと
うえのかどをあわせて
さんかくにおる。

2 よこはんぶんに
おってからもどす。

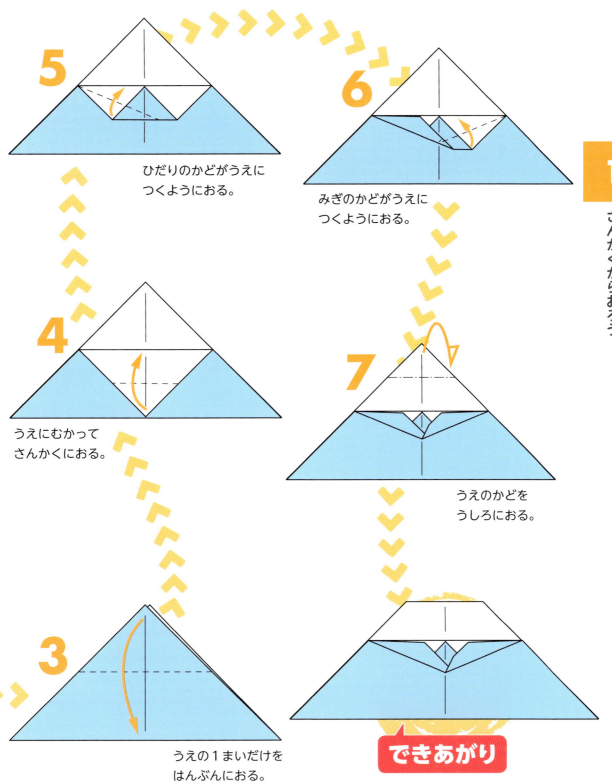

5

ひだりのかどがうえに
つくようにおる。

6

みぎのかどがうえに
つくようにおる。

4

うえにむかって
さんかくにおる。

7

うえのかどを
うしろにおる。

3

うえの１まいだけを
はんぶんにおる。

できあがり

かえる

★★★
むずかしさ

さんかくのてをちょこんとだした、かえるのおやこ。
ケロケロケロ、うたをうたっているのかな。

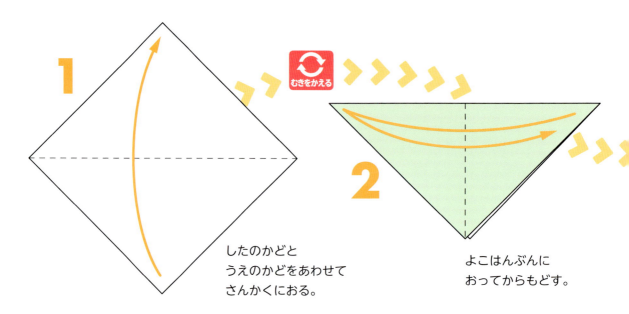

1
したのかどと
うえのかどをあわせて
さんかくにおる。

むきをかえる

2
よこはんぶんに
おってからもどす。

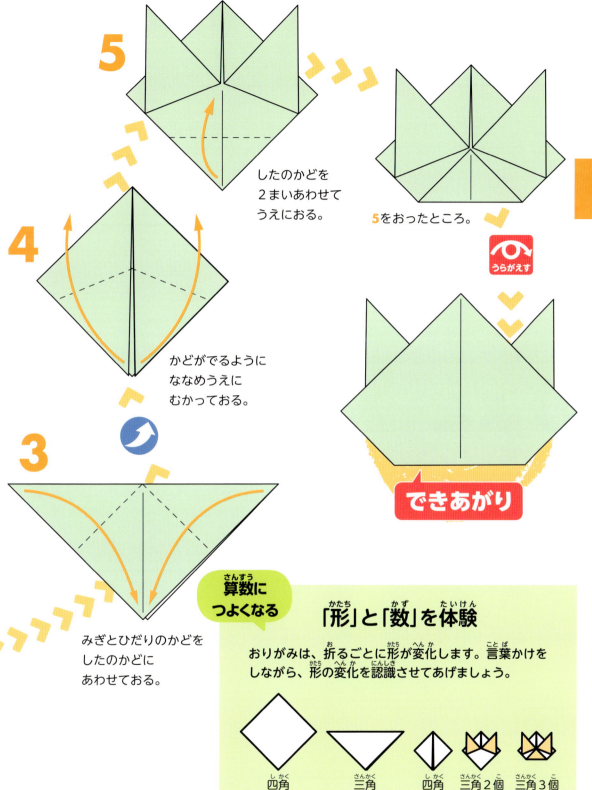

5

したのかどを
2まいあわせて
うえにおる。

5をおったところ。

うらがえす

できあがり

4

かどがでるように
ななめうえに
むかっておる。

3

みぎとひだりのかどを
したのかどに
あわせておる。

**算数に
つよくなる**

「形」と「数」を体験

おりがみは、折るごとに形が変化します。言葉かけを
しながら、形の変化を認識させてあげましょう。

四角　三角　四角　三角2個　三角3個

ひよこ

★★★
むずかしさ

さんかくのはねと、さんかくのくちばしのひよこ。
たたせると、トコトコあるきだしそうです。

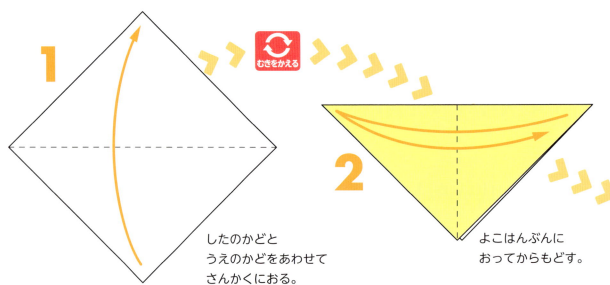

1

したのかどと
うえのかどをあわせて
さんかくにおる。

むきをかえる

2

よこはんぶんに
おってからもどす。

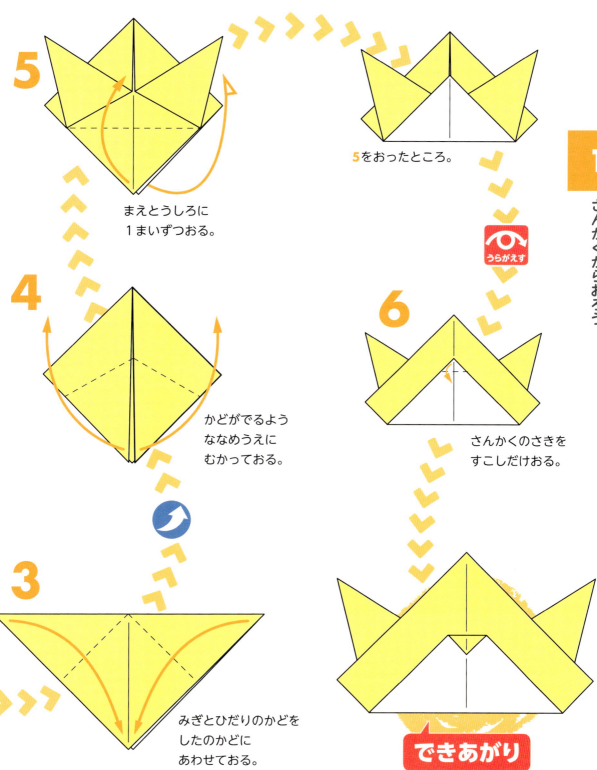

5

まえとうしろに
1まいずつおる。

5をおったところ。

うらがえす

4

かどがでるよう
ななめうえに
むかっておる。

6

さんかくのさきを
すこしだけおる。

3

みぎとひだりのかどを
したのかどに
あわせておる。

できあがり

せみ

ミーンミーン、ジリジリ、
どんなこえでないていたか
おもいだしながらおりましょう。

⭐⭐⭐
むずかしさ

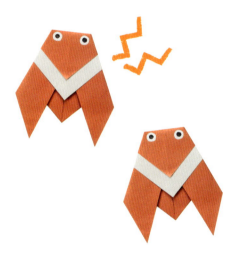

1

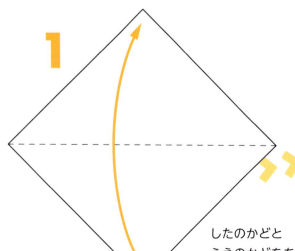

したのかどと
うえのかどをあわせて
さんかくにおる。

2

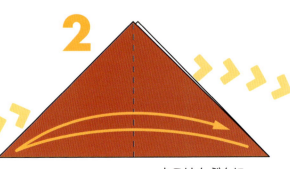

よこはんぶんに
おってからもどす。

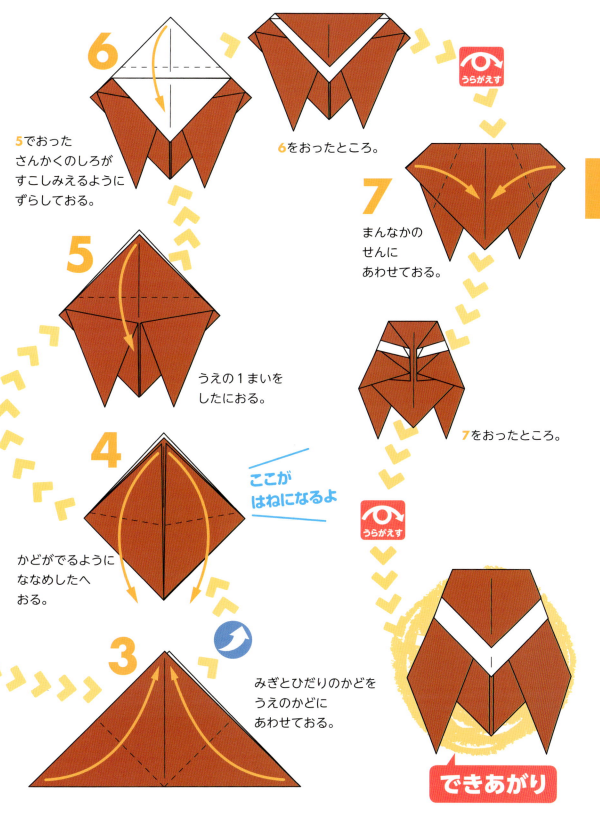

6

5でおった
さんかくのしろが
すこしみえるように
ずらしておる。

6をおったところ。

7

まんなかの
せんに
あわせておる。

5

うえの1まいを
したにおる。

7をおったところ。

4

ここが
はねになるよ

かどがでるように
ななめしたへ
おる。

3

みぎとひだりのかどを
うえのかどに
あわせておる。

できあがり

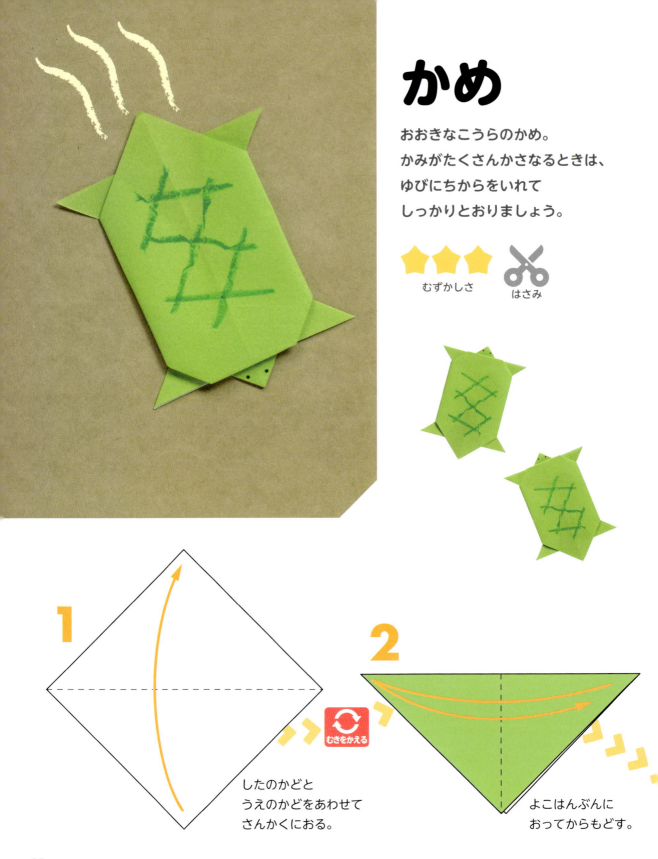

かめ

おおきなこうらのかめ。
かみがたくさんかさなるときは、
ゆびにちからをいれて
しっかりとおりましょう。

★★★
むずかしさ

はさみ

1

したのかどと
うえのかどをあわせて
さんかくにおる。

むきをかえる

2

よこはんぶんに
おってからもどす。

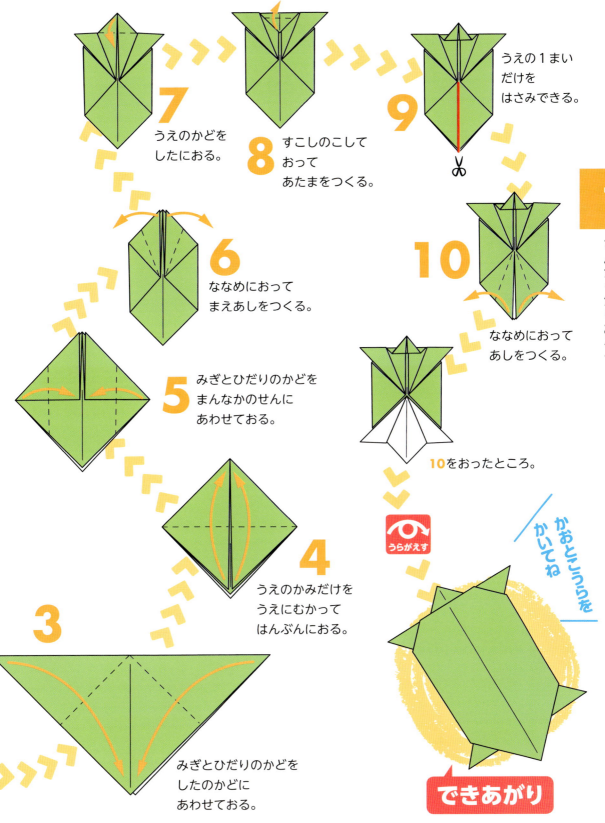

7 うえのかどを
したにおる。

8 すこしのこして
おって
あたまをつくる。

9 うえの1まい
だけを
はさみできる。

1 さんかくからおろう

10 ななめにおって
あしをつくる。

10をおったところ。

6 ななめにおって
まえあしをつくる。

5 みぎとひだりのかどを
まんなかのせんに
あわせておる。

4 うえのかみだけを
うえにむかって
はんぶんにおる。

3 みぎとひだりのかどを
したのかどに
あわせておる。

うらがえす

かおとこうらを
かいてね

できあがり

基本の形 「三角」

「3本の直線（へん）でかこまれた形」を「三角」といいます。

小学校1年生の「いろいろなかたち」では、「三角」が基本の形として登場します。

そのため、小学校に入学する前から、おりがみを使って、「三角ってどんな形かな？」「いろいろな形の三角があるね」と、お子さまに「三角」を体験させてあげるとよいでしょう。

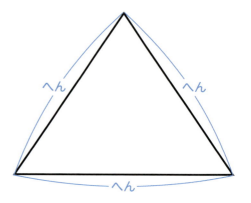

おりがみの下のかどと上のかどを合わせて折ると、三角ができあがります。

このとき、少しくらいかどがずれても大丈夫。「三角がいくつあるかな？」と、数えてみるのもおもしろいですね。いろいろな三角をつくってみてくださいね。

問題 三角の形に色をぬりましょう。（答えは127ページ）

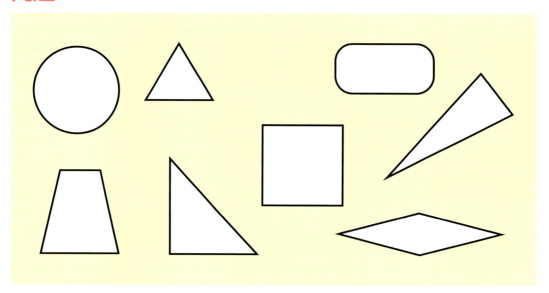

2

しかくからおろう

しかくいおりがみをはんぶんにおると、ながしかくに
へんしん。このかたちから、なにができるかな？

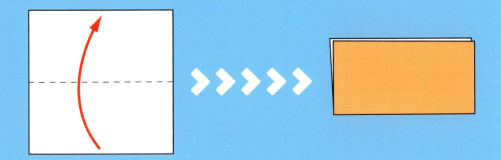

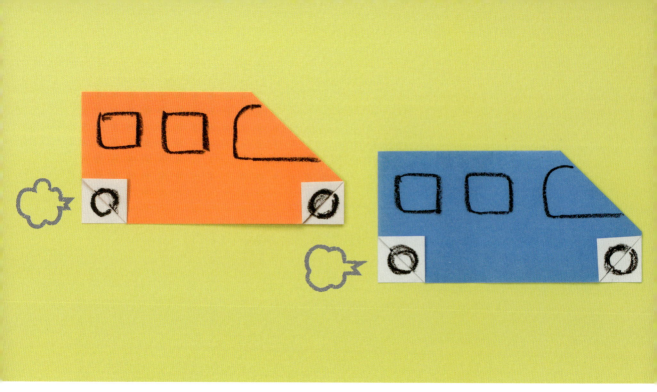

くるま

★★★
むずかしさ

ブンブンはしる、かっこいいくるま。
2このしろいしかくに、タイヤをかきましょう。

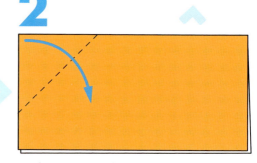

1

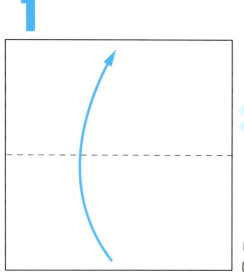

したからうえに
はんぶんにおる。

むきをかえる

2

ひだりうえのかどを
さんかくにおる。

3

うらがえす

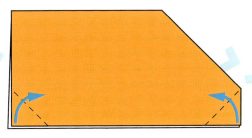

うえの1まいだけのかどを
さんかくにおる。

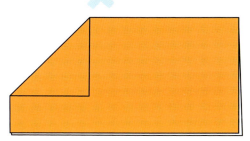

2を
おったところ。

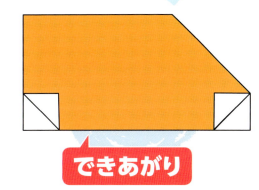

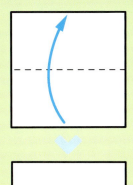
できあがり

2

しかくからおろう

こんなくるまに
のりたいな

算数に
つよくなる

四角から
長四角に変身！

真四角のおりがみを半分に折ると、長四角に
変身。「形が少しちがうね」「大きさも半分に
なるね」と気づかせてあげましょう。

41

プリン

しかくが2こかさなった、おいしいプリンのできあがり。
うえのほそいしかくは、カラメルソースです。

1

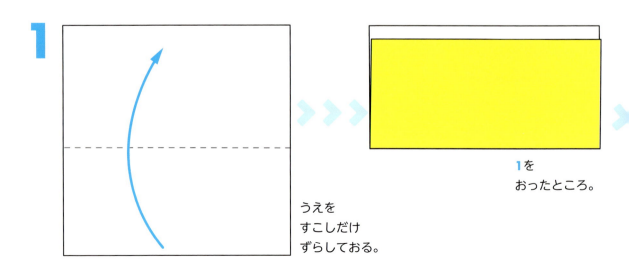

うえを
すこしだけ
ずらしておる。

1を
おったところ。

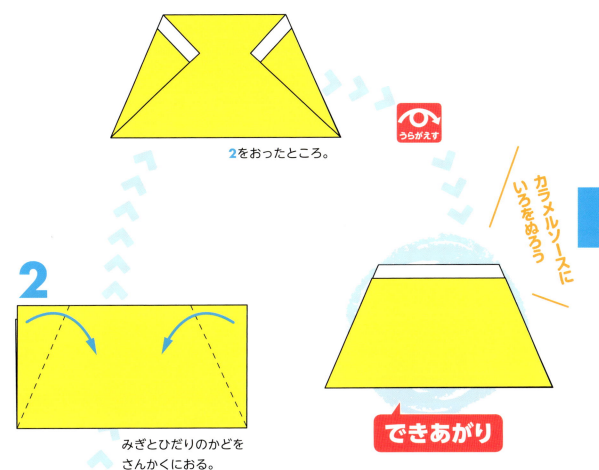

2をおったところ。

うらがえす

カラメルソースに
いろをぬろう

2

みぎとひだりのかどを
さんかくにおる。

できあがり

うらがえす

さんすうに
つよくなる

大きい四角と小さい四角

4本の直線でかこまれた形が「四角」です。プリンの形は、大きさの異なる2個の四角が合わさってできています。

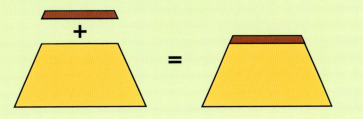

てんとうむし

むずかしさ

おもてがあかいろ、うらがくろいろのおりがみでおれば、
せなかがあかいろ、あたまがくろいてんとうむしができますよ。

1

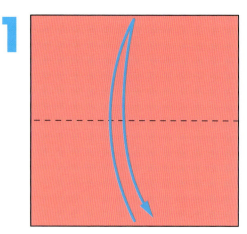

はんぶんにおってから
もどす。

2

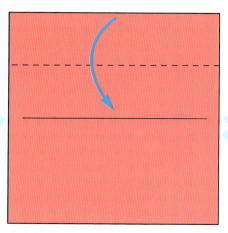

まんなかのせんにあわせて
したにおる。

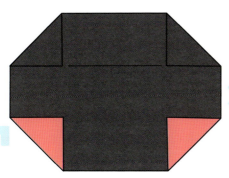

3をおったところ。

うらがえす

3

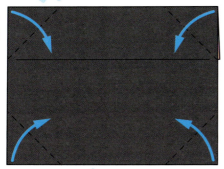

4このかどを
さんかくにおる。

できあがり

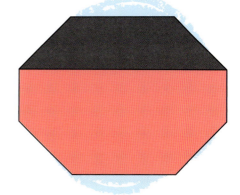

うらがえす

2をおったところ。

**算数に
つよくなる**

丸は何個ある？

てんとうむしの背中
の丸の数はいろいろ
です。「1、2、3、
4……」と数えなが
ら、黒い丸を描いて
みましょう。

いえ

⭐⭐☆

むずかしさ

さんかくのやねが２こある、１かいだてのいえ。
ドアやまどをかいて、じぶんだけのいえをつくりましょう。

1

したからうえに
はんぶんにおる。

2

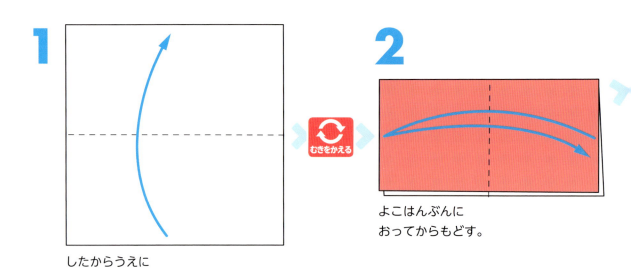

よこはんぶんに
おってからもどす。

4 ゆびをいれて
ひらいてつぶす。

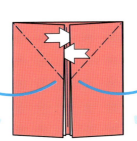

3

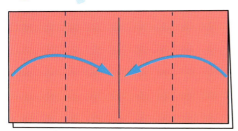

みぎとひだりの
はしを
まんなかのせんに
あわせておる。

できあがり

みせに変身！

いえをもう1回折ると、長四角の看板がついたみせに。
何屋さんにするか決めて、絵や文字を描きましょう。

したのしかくを
うえに
むかっておる。

やおやさん

ジュース ★★☆

むずかしさ

いろのついたしかくがジュースで、しろいしかくがコップ。
オレンジやソーダ、いろいろなジュースをつくりましょう。

1

はんぶんにおってから
もどす。

むきをかえる

2

うえをすこしだけ
ずらしておる。

4

みぎとひだりの
かどを
さんかくにおる。

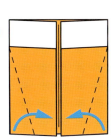

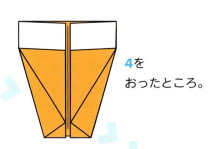

4を
おったところ。

うらがえす

3

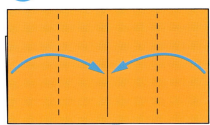

みぎとひだりの
はしを
まんなかのせんに
あわせておる。

できあがり

うらがえす

2を
おったところ。

かんぱ～い!

49

なべ

むずかしさ

コトコトコト……。なにをにているでしょう？
なべにやさいをいれて、おうちごっこもできますよ。

1

したからうえに
はんぶんにおる。

2

よこはんぶんにおってから
もどす。

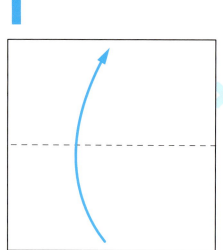

6

みぎとひだりの
かどを
さんかくにおる。

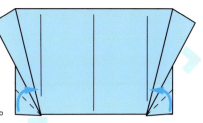

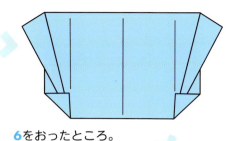

6をおったところ。

5

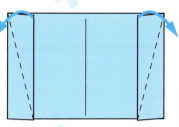

かどがとびだすように
さんかくにおる。

できあがり

4

3のせんに
あわせておる。

**遊んで
みよう**

にんじん♪

何を煮込む？

いろいろな具材をなべの中
に入れて、グツグツと煮込
みましょう。野菜などの具
は、おりがみを切り貼りして
つくっても楽しいですよ。

3

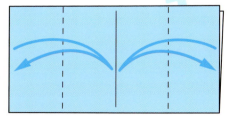

みぎとひだりのはしを
まんなかのせんにあわせて
おってからもどす。

クレヨン

むずかしさ

すきないろのおりがみが、クレヨンにへんしん。
しろいところをもって、おえかきごっこをしましょう。

1

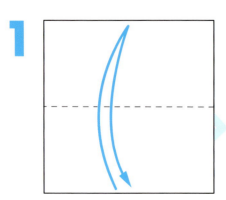

はんぶんにおってから
もどす。

むきをかえる

2

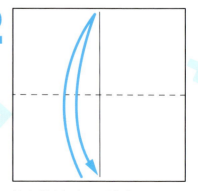

はんぶんにおってから
もどす。

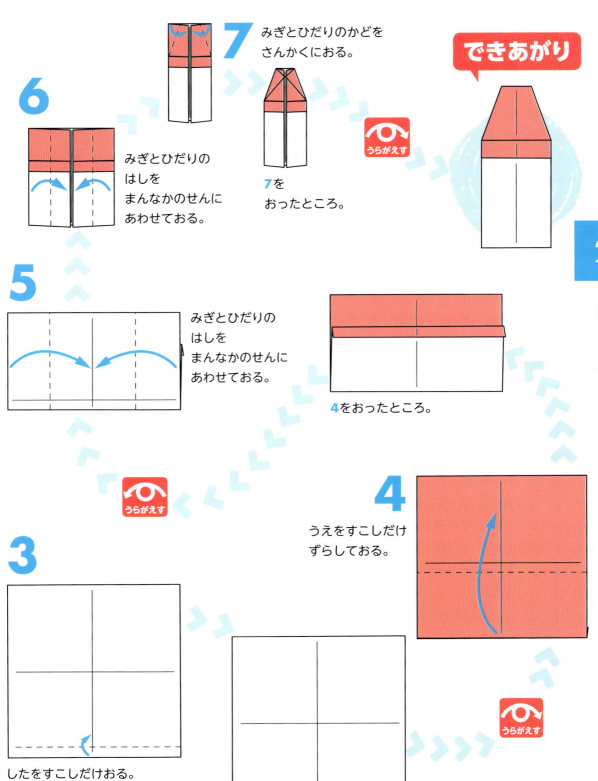

7 みぎとひだりのかどを
さんかくにおる。

でき あがり

6 みぎとひだりの
はしを
まんなかのせんに
あわせておる。

7を
おったところ。

うらがえす

2

しかくからおろう

5 みぎとひだりの
はしを
まんなかのせんに
あわせておる。

4をおったところ。

うらがえす

4 うえをすこしだけ
ずらしておる。

3

したをすこしだけおる。

うらがえす

3をおったところ。

ロケット

さんかくのとがったやねと
しかくいエンジンで
うちゅうりょこうへしゅっぱつ！

★★★
むずかしさ

1

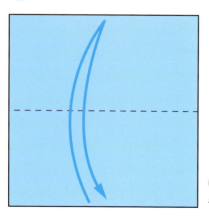

はんぶんにおってから
もどす。

むきをかえる

2

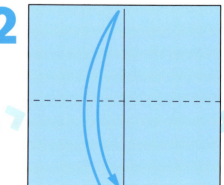

はんぶんにおってから
もどす。

4

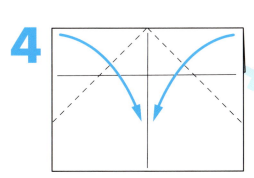

みぎとひだりの
かどを
さんかくにおる。

5

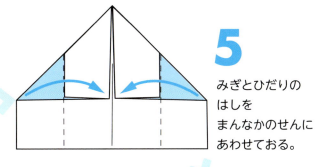

みぎとひだりの
はしを
まんなかのせんに
あわせておる。

うらがえす

6

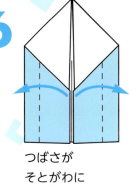

つばさが
そとがわに
でるようにおる。

6をおった
ところ。

うらがえす

3をおったところ。

3

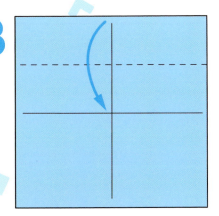

まんなかのせんにあわせて
うえからしたにおる。

できあがり

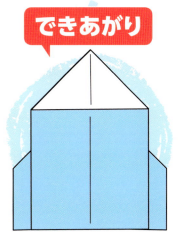

さいふ

ほそながいかたちのさいふ。
なかのポケットに、かみでつくった
おかねをいれましょう。

1

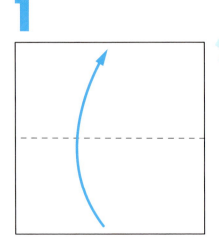

したからうえに
はんぶんにおる。

むきをかえる

2 よこはんぶんにおってから
もどす。

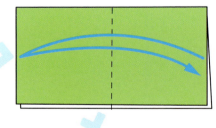

3

みぎとひだりの
はしを、まんなかの
せんにあわせておる。

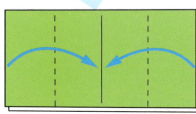

6 しろのしかくを
まえとうしろへ
はんぶんにおる。

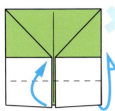

7

まえとうしろに
おる。

7を
おったところ。

むきをかえる

5 みぎとひだりの
はしを
まんなかのせんに
あわせておる。

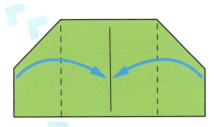

うらがえす

できあがり

なかにおかねを
いれよう

4をおったところ。
いえのかたちが
できた。

4

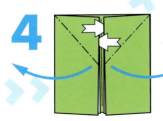

ゆびをいれて
ひらいてつぶす。

57

あじさい

むずかしさ

ましかくのはなびらが4まいついた、あじさい。
1こでも、たくさんつくってあつめてもかわいいですよ。

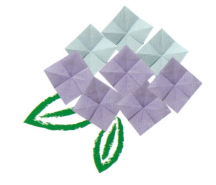

1

したからうえに
はんぶんにおる。

2

よこはんぶんにおってから
もどす。

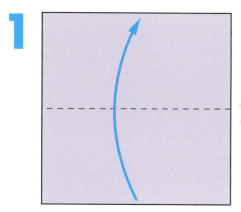

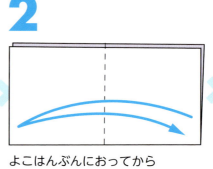

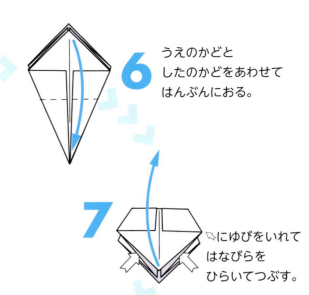

6 うえのかどと
したのかどをあわせて
はんぶんにおる。

5 したのかどが
とがるようにおる。

7 にゆびをいれて
はなびらを
ひらいてつぶす。

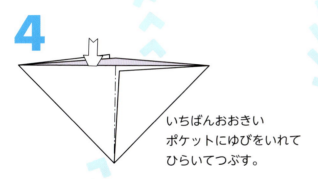

4 いちばんおおきい
ポケットにゆびをいれて
ひらいてつぶす。

できあがり

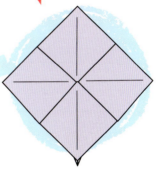

3 みぎしたのかどを
さんかくにおり
ひだりしたのかどを
うしろへさんかくにおる。

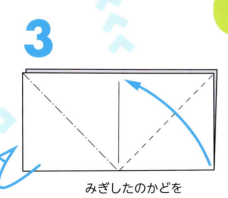

**いろいろ
折ろう**

はさみで切って
あさがおに

6のとき、はさみで
左図のように切って
みましょう。花びら
が丸くなり、あさが
おができあがります。

「真四角」と「長四角」

4本の直線（へん）で囲まれた形を「四角」といいます。そして、「四角」には、「真四角」（おりがみ）と「長四角」（新聞紙など）があります。

お子さまには、おりがみを折りながら「あれ？　なんだか形が少しちがうね」ということを体験させてあげましょう。

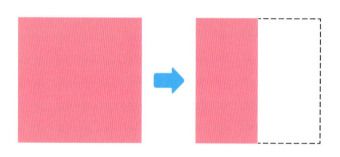

おりがみを半分に折ると、「真四角」が「長四角」になります。このとき、「半分」と言いながらおりがみを折りましょう。「半分」というのも立派な「算数言葉」です。

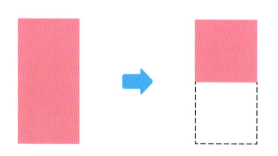

そして、また半分に折ると、あら不思議！　「長四角」が「真四角」になりました。このように、形の変化を声かけしながら折ると、形の概念が身につきます。

「真四角」と「長四角」に慣れたら、ほかにもいろいろな形の「四角」があることを体験させてあげてください。下の形も、すべて四角のなかまです。

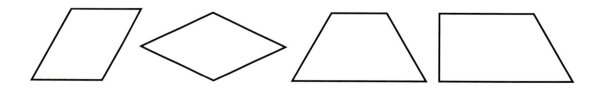

3

おなじかたちに
おってスタート

みぎとひだりのかたちがおなじ、あかちゃんのかたち
からスタート。かたちをくらべながらおりましょう。

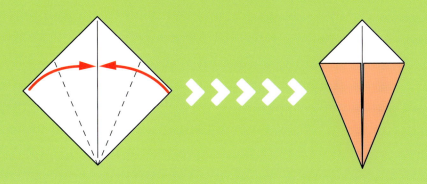

あかちゃん

⭐⭐⭐
むずかしさ

おくるみにつつまれた、ニコニコあかちゃん。
かおをかいて、おくるみにもかざりをつけてみましょう。

1

さんかくにおって
もどす。

むきをかえる

2

みぎとひだりの
はしを
まんなかのせんに
あわせておる。

できあがり

**算数に
つよくなる**

同じ形＝対称

あかちゃんを半分に折ってみましょう。ぴったりと重なりますね。「同じ形」というのは「対称」につながる算数の考え方になります。「同じ形が2個あるね」と声をかけて、対称に気づかせてあげましょう。

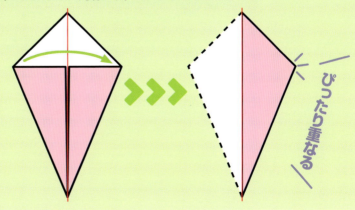

ぴったり重なる

63

かきごおり ⭐️🩶🩶

むずかしさ

しかくのうつわに、さんかくのこおりをのせましょう。
シロップをかいたら、かきごおりのできあがり。

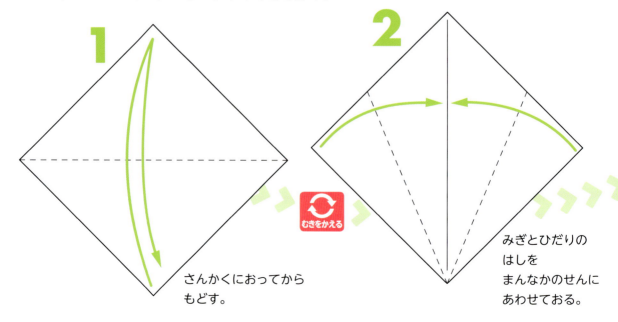

1

さんかくにおってから
もどす。

むきをかえる

2

みぎとひだりの
はしを
まんなかのせんに
あわせておる。

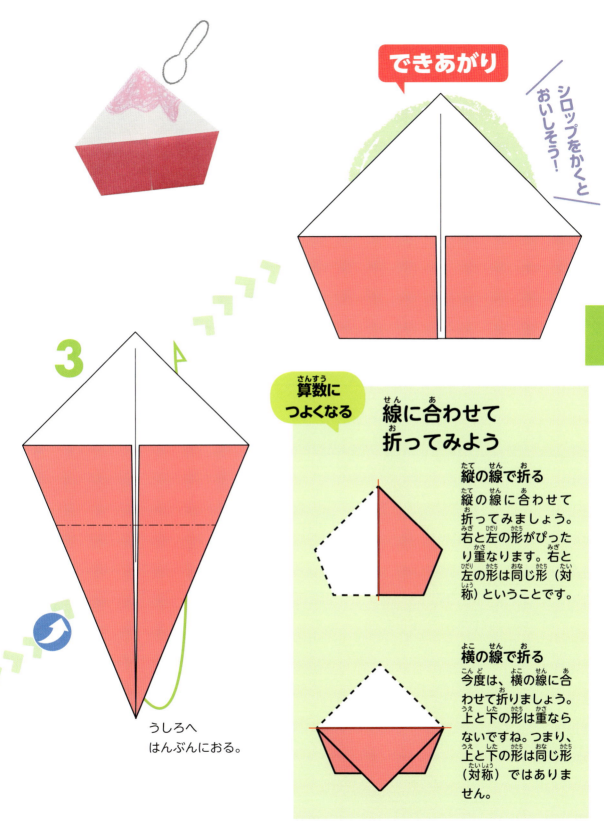

できあがり

シロップをかくと
おいしそう！

3

うしろへ
はんぶんにおる。

算数に
つよくなる

線に合わせて 折ってみよう

縦の線で折る

縦の線に合わせて
折ってみましょう。
右と左の形がぴった
り重なります。右と
左の形は同じ形（対
称）ということです。

横の線で折る

今度は、横の線に合
わせて折りましょう。
上と下の形は重なら
ないですね。つまり、
上と下の形は同じ形
（対称）ではありま
せん。

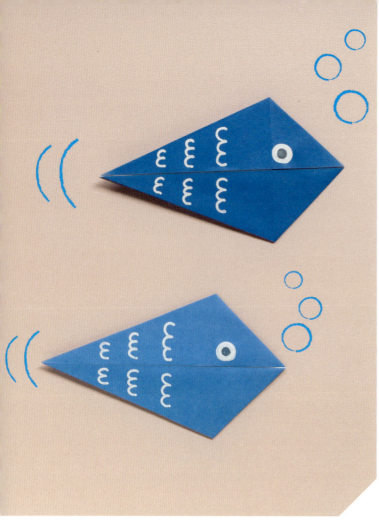

パクパク
さかな

みずのなかをおよぐさかな。
くちをパクパクさせて、
ごはんをたべているのかな？

⭐⭐☆

むずかしさ

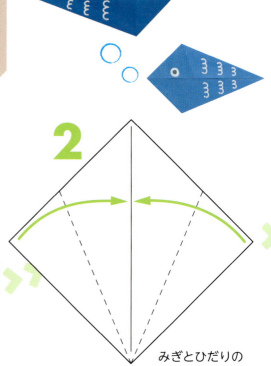

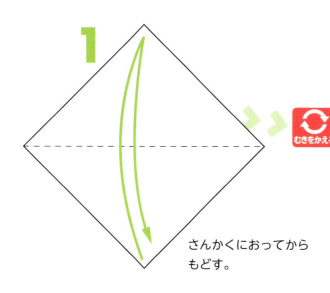

1

さんかくにおってから
もどす。

むきをかえる

2

みぎとひだりの
はしを
まんなかのせんに
あわせておる。

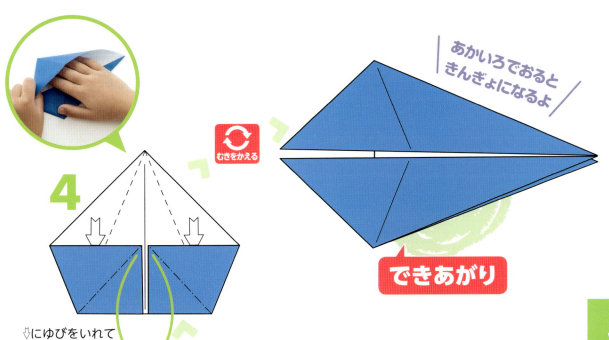

あかいろでおると
きんぎょになるよ

できあがり

むきをかえる

4

⇩にゆびをいれて
ひらいてつぶす。

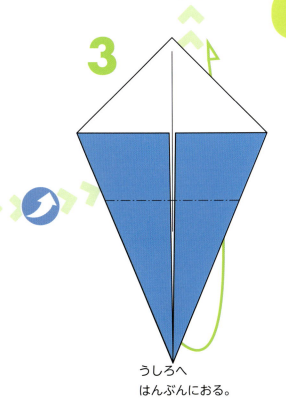

3

うしろへ
はんぶんにおる。

**遊んで
みよう**

口がパクパク動く！

尾を1枚ずつ両手で持ち、左右に動かしま
しょう。さかなの口がパクパク閉じたり開
いたりします。

くちが
あいた！

フライパン

フライパンをつかって
どんなごはんをつくろうかな？
かんがえながらおりましょう。

⭐⭐☆
むずかしさ

1

さんかくにおってから
もどす。

むきをかえる

2

みぎとひだりの
はしを
まんなかのせんに
あわせておる。

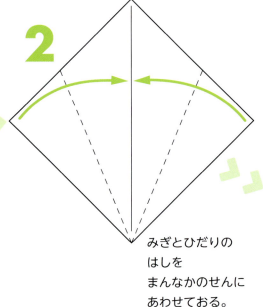

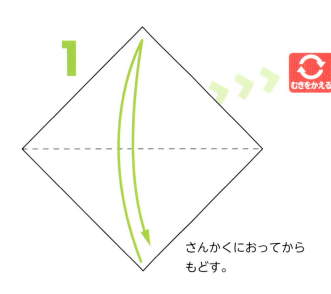

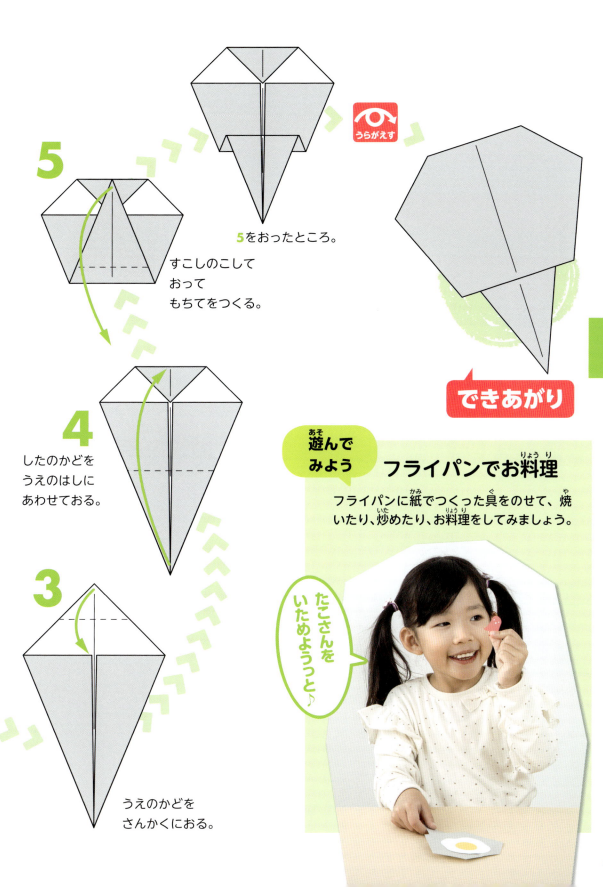

5

すこしのこして
おって
もちてをつくる。

5をおったところ。

うらがえす

できあがり

4

したのかどを
うえのはしに
あわせておる。

3

うえのかどを
さんかくにおる。

遊んで
みよう

フライパンでお料理

フライパンに紙でつくった具をのせて、焼
いたり、炒めたり、お料理をしてみましょう。

たこさんを
いためようっと♪

69

おばけ

⭐⭐⭐
むずかしさ

うらめしや〜。しかくいからだに、さんかくのて。
かわいいかおのおばけなら、こわくないですね。

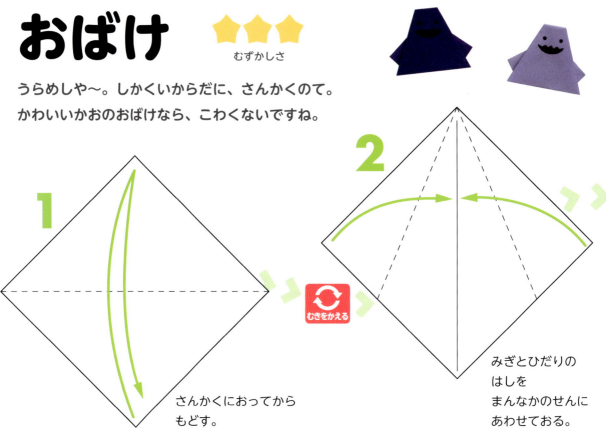

1 さんかくにおってから
もどす。

むきをかえる

2 みぎとひだりの
はしを
まんなかのせんに
あわせておる。

5

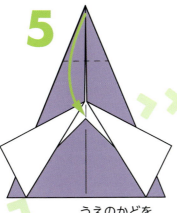

うえのかどを
さんかくにおる。

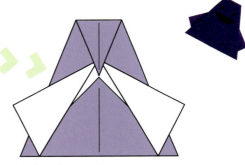

5をおったところ。

できあがり
うらがえす

4

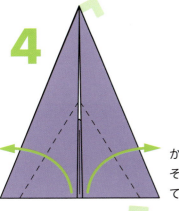

かどがでるように
そとにおって
てをつくる。

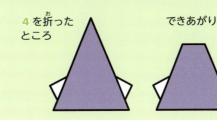

**算数に
つよくなる**

かどを折ると、
形が変わる！

4 ではからだの形は三角でしたが、5 で上のかどを
折ることで、おばけのからだが四角に変化しています。

4 を折った
ところ

できあがり

3

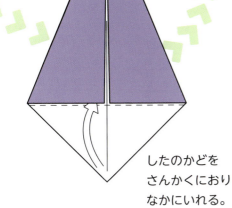

したのかどを
さんかくにおり
なかにいれる。

おに

むずかしさ

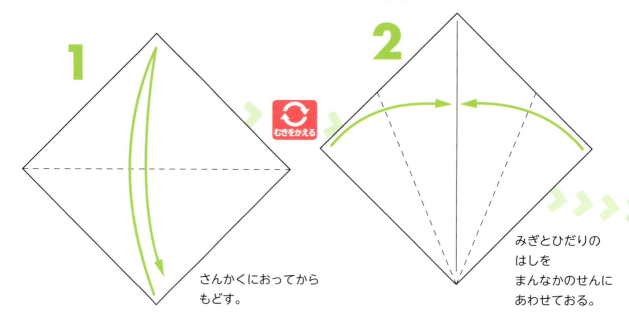

せつぶんのひには、おにがやってくるといわれています。
さんかくのつのをはやしたおにを、まめでやっつけましょう。

1

むきをかえる

さんかくにおってから
もどす。

2

みぎとひだりの
はしを
まんなかのせんに
あわせておる。

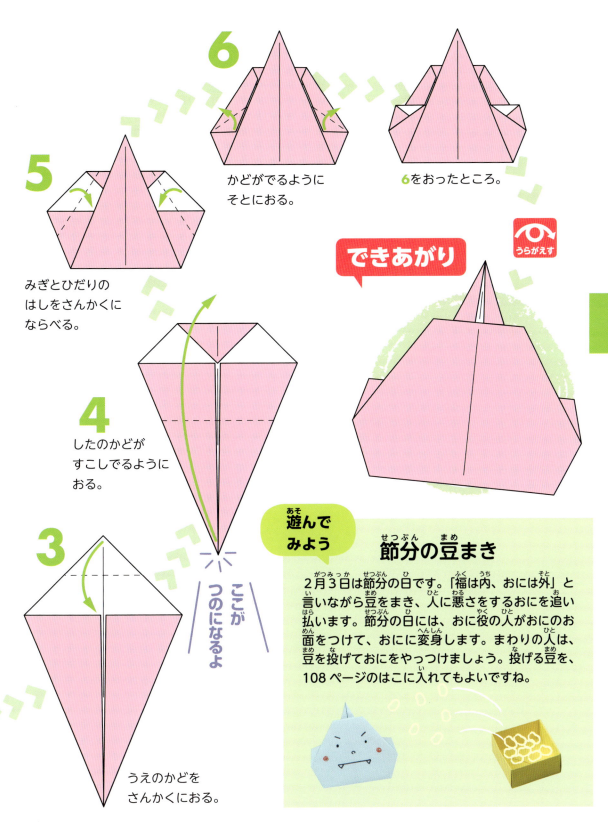

5

みぎとひだりの
はしをさんかくに
ならべる。

6

かどがでるように
そとにおる。

6をおったところ。

4

したのかどが
すこしでるように
おる。

3

うえのかどを
さんかくにおる。

ここが
つのに
なるよ

できあがり

うらがえす

遊んでみよう

節分の豆まき

2月3日は節分の日です。「福は内、おには外」と言いながら豆をまき、人に悪さをするおにを追い払います。節分の日には、おに役の人がおにのお面をつけて、おにに変身します。まわりの人は、豆を投げておにをやっつけましょう。投げる豆を、108ページのはこに入れてもよいですね。

3

おなじかたちにおってスタート

73

フーフーヨット

⭐⭐⭐
むずかしさ

うみのうえをはしるヨット。
ほにかぜをあてると、スイスイまえにすすみますよ。

1

さんかくにおってから
もどす。

むきをかえる

2

みぎとひだりの
はしを
まんなかのせんに
あわせておる。

3

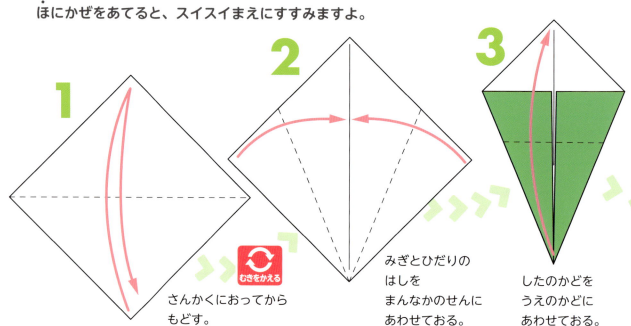

したのかどを
うえのかどに
あわせておる。

5

むきをかえる

したにむかって
おる。

6

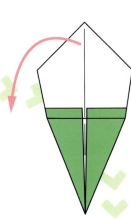

しろいところを
ゆびでもち
たたせる。

4

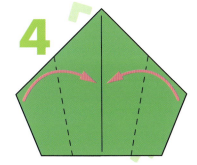

みぎとひだりの
はしを、まんなかの
せんにあわせておる。

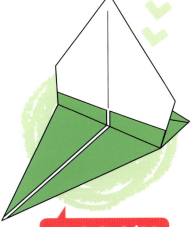

できあがり

うらがえす

3をおったところ。

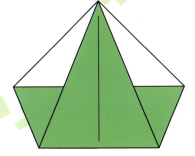

**遊んで
みよう**

うしろから息を吹こう

海で見るヨットは、帆
に風を受けて進みます。
ヨットをテーブルに置
き、うしろから帆に
フーッと息を吹きかけ
ましょう。スイスイ前
に進みますよ。

ねずみ

ちいさいねずみには、
しかくのみみと、
さんかくのしっぽが1こありますね。

むずかしさ

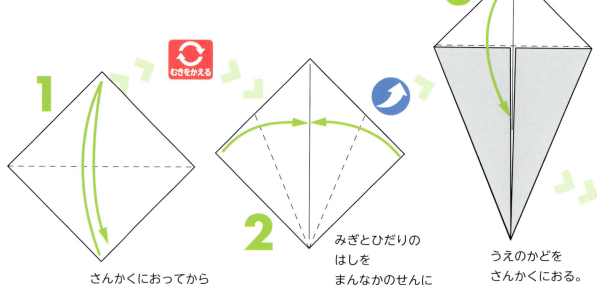

1 さんかくにおってから
もどす。

むきをかえる

2 みぎとひだりの
はしを
まんなかのせんに
あわせておる。

3 うえのかどを
さんかくにおる。

7

かどがでるように
ななめしたにおる。

8

うえのかどが
したのはしに
つくようにおる。

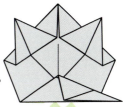

8をおったところ。
しっぽができた。

うらがえす

6

したのかどを
うえのかどに
あわせておる。

9

みみのさきを
うしろにおる。

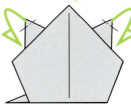

5

かどがでるように
ななめうえにおって
みみをつくる。

4

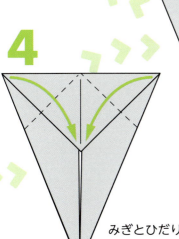

みぎとひだりのかどを
まんなかのせんにあわせて
さんかくにおる。

できあがり

ぴょんぴょんうさぎ

むずかしさ

はさみ

ながいさんかくのみみをもつうさぎ。
ぴょんぴょんぴょん、ジャンプがだいのとくいです。

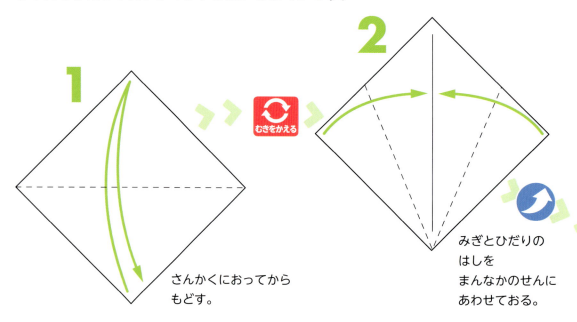

1

さんかくにおってから
もどす。

むきをかえる

2

みぎとひだりの
はしを
まんなかのせんに
あわせておる。

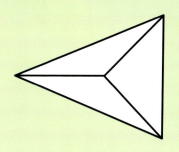

算数に
つよくなる

同じ形の三角はどれ？

4 のおりがみを見て
みましょう。この中
に、同じ形の三角が
かくれています。ど
れとどれが同じ形か、
探してみましょう。
（答えは 127 ページ）

4

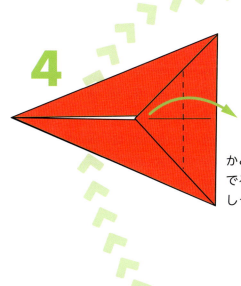

かどが
でるようにおって
しっぽをつくる。

5

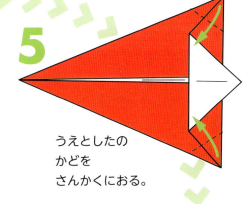

うえとしたの
かどを
さんかくにおる。

3

おなじかたちにおってスタート

5をおったところ。

3

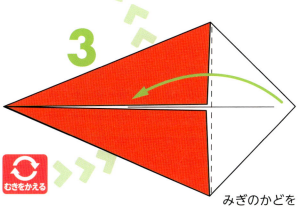

みぎのかどを
さんかくにおる。

むきをかえる

つぎの
ページへ

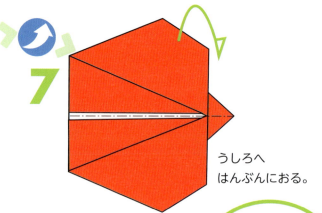

6 ひだりのかどを
みぎのはしに
あわせておる。

うらがえす

7 うしろへ
はんぶんにおる。

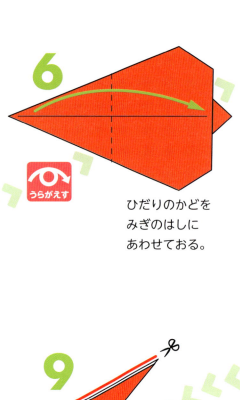

8 ゆびでさんかくの
かどをもち
ひっぱりあげておる。

9 さんかくのあいだを
はさみできって
みみをつくる。

できあがり

遊んで
みよう

ぴょんぴょん跳ねる！

うさぎのしっぽを指で軽く押す
と、ぴょんぴょん跳ねます。何
回跳ねたか数えてみましょう。

4

おなじおおきさに
おってスタート

みぎとひだりのはしをまんなかにあわせておって、
おなじおおきさのながしかくをつくりましょう。

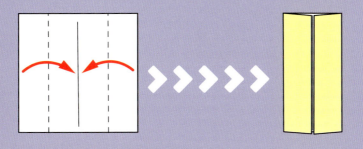

てるてるぼうず

むずかしさ

しかくいあたまの、てるてるぼうずをつくって
「あした、はれますように！」とおねがいしましょう。

1

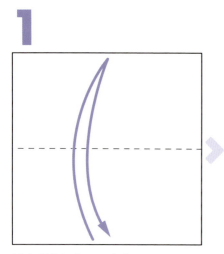

はんぶんにおってから
もどす。

むきをかえる

2

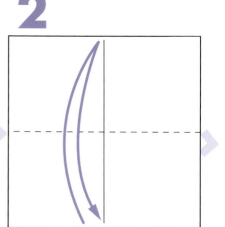

はんぶんにおってから
もどす。

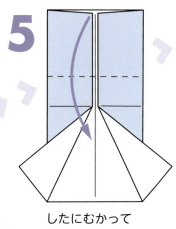

5

したにむかって
おる。

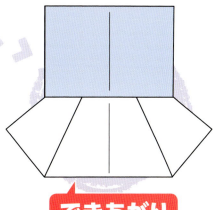

できあがり

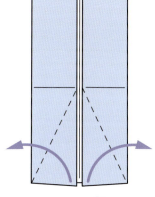

4

かどがそとに
でるようにおる。

うらにひもをつけて
つりさげよう！

算数に
つよくなる

同じ大きさに分ける ＝等分

3を折ったときにできる、折りすじを見てみましょう。真四角のおりがみが、同じ大きさの長四角4個に分けられています。「4等分にされているね」と声をかけながら折りましょう。

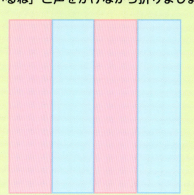

3

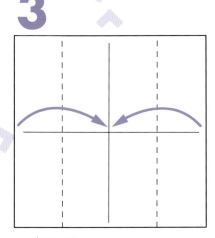

みぎとひだりのはしを
まんなかのせんにあわせておる。

83

うさぎ

うさぎのとくちょうは、ながいみみ！
かわいいヒゲも、わすれずにかいてあげましょう。

1

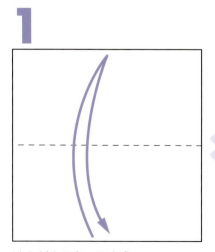

はんぶんにおってから
もどす。

むきをかえる

2

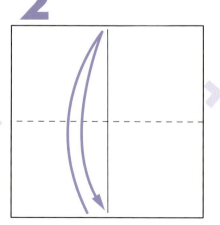

はんぶんにおってから
もどす。

5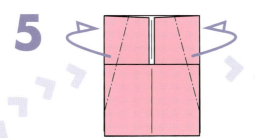

みぎとひだりのかどを
うしろにおる。

4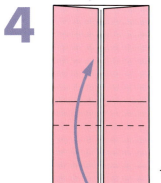

うえをすこし
ずらしておる。

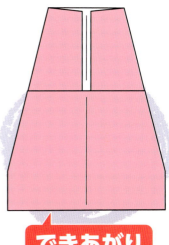

できあがり

3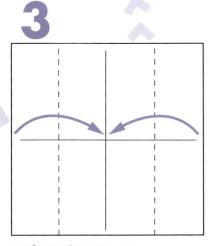

みぎとひだりのはしを
まんなかのせんにあわせておる。

算数に
つよくなる

耳の形は？

うさぎの耳は、なんという形でしょうか。78
ページのうさぎの耳と形を比べてみましょう。
（答えは127ページ）

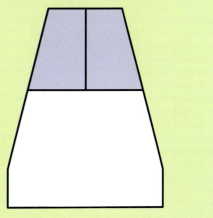

85

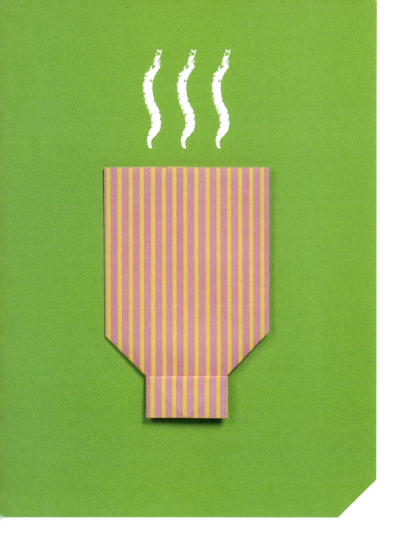

ゆのみ

おちゃをのむ、ゆのみ。
「なにちゃをのもうかな〜」と
かんがえながらおりましょう。

⭐⭐⭐
むずかしさ

3

みぎとひだりの
かどを
さんかくにおる。

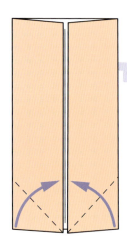

1

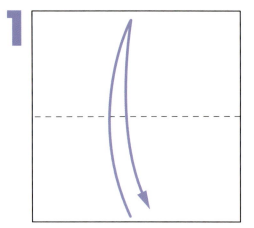

はんぶんにおってから
もどす。

2

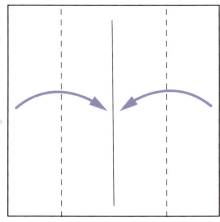

みぎとひだりのはしを
まんなかのせんにあわせておる。

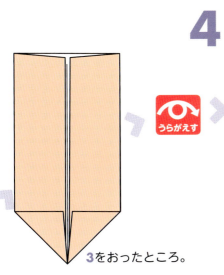

3をおったところ。

4

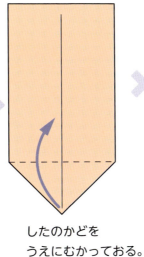

したのかどを
うえにむかっておる。

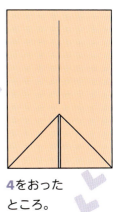

4をおった
ところ。

5

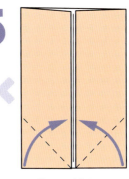

みぎとひだりの
かどを
さんかくにおる。

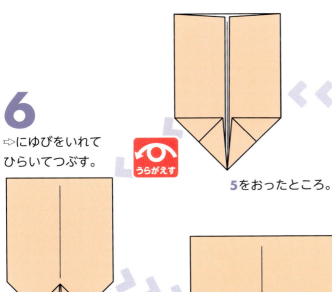

5をおったところ。

6

⇨にゆびをいれて
ひらいてつぶす。

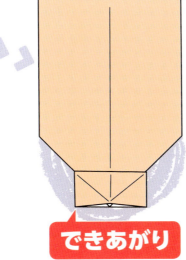

できあがり

シャツ

⭐⭐⭐ むずかしさ　✂ はさみ

さんかくのそでと、さんかくのえりがおしゃれ。
ほんもののシャツのように、ゆびアイロンをしっかりかけましょう。

1

はんぶんにおってから
もどす。

2

みぎとひだりのはしを
まんなかのせんにあわせておる。

5

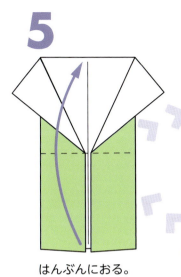

はんぶんにおる。

6

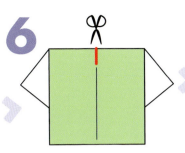

まんなかを
すこしだけ
はさみできる。

7

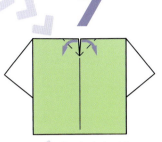

さんかくに
おって
えりをつくる。

4

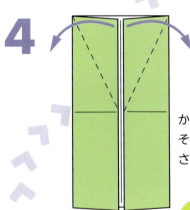

かどが
そとにでるよう
さんかくにおる。

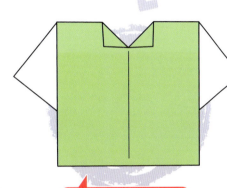

できあがり

3

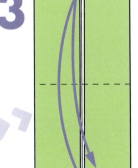

はんぶんに
おってからもどす。

**いろいろ
折ろう**

似合う色はどれ？

自分や友だちに似合う色を考えてみましょう。柄
のおりがみを使ってもかわいいですよ。

ぼくはみどり

ピンクがすき♥

ながぐつ

⭐⭐⭐
むずかしさ

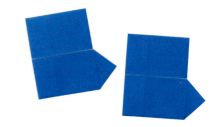

あめのひは、ながぐつをはいておでかけ。
くつのさきは、あしにあわせてとがらせましょう。

1

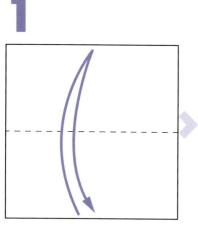

はんぶんにおってから
もどす。

むきをかえる

2

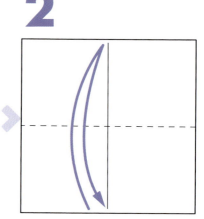

はんぶんにおってから
もどす。

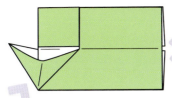

ひらいているところ。
しかくがさんかくにかわる。

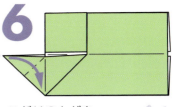
6

ひだりのかどを
さんかくにおる。

5
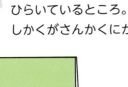

⇩にゆびをいれて
ひらいてつぶす。

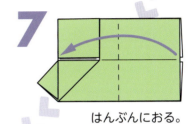
7

はんぶんにおる。

4
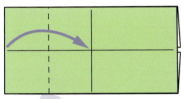

ひだりのはしを
まんなかのせんに
あわせておる。

7を
おったところ。

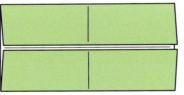

3をおったところ。

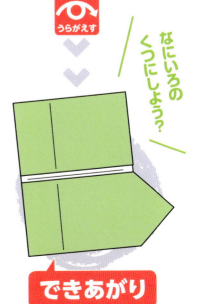

なにいろの
くつにしよう?

できあがり

3

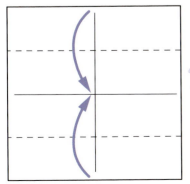

うえとしたのはしを
まんなかのせんに
あわせておる。

きのこ

にょきにょきにょき。りっぱなかさのきのこがはえました。
ちいさいおりがみで、ミニきのこをつくってもかわいいです。

1

はんぶんにおってから
もどす。

2

みぎとひだりのはしを
まんなかのせんにあわせておる。

3

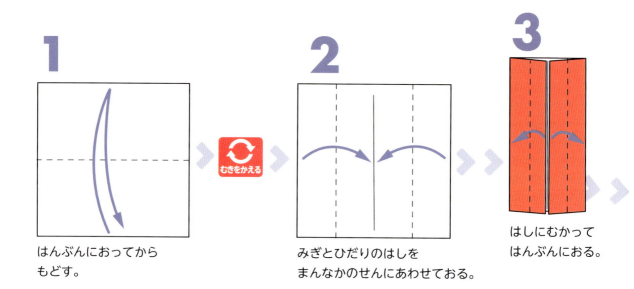

はしにむかって
はんぶんにおる。

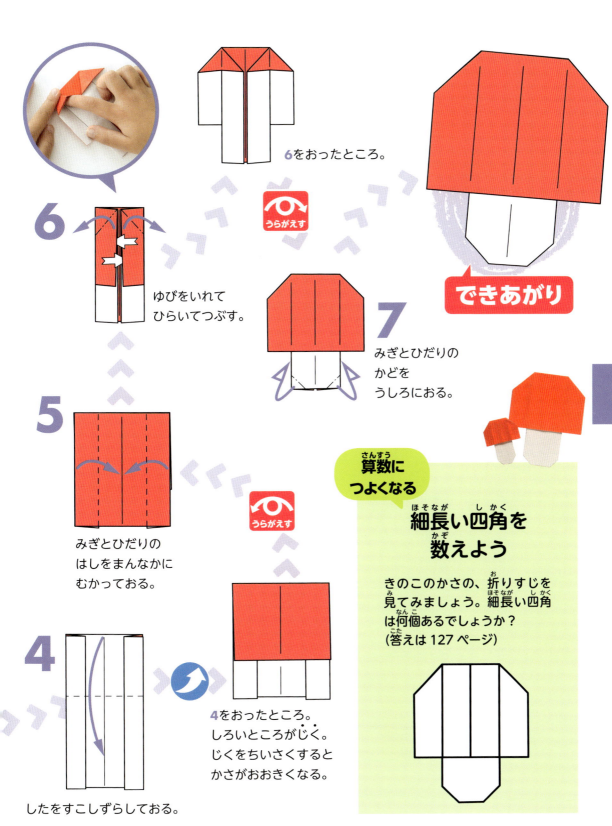

6をおったところ。

6 ゆびをいれて
ひらいてつぶす。

うらがえす

7 みぎとひだりの
かどを
うしろにおる。

できあがり

5 みぎとひだりの
はしをまんなかに
むかっておる。

うらがえす

4

おなじおおきさにおってスタート

さんすう
算数に
つよくなる

細長い四角を数えよう

きのこのかさの、折りすじを
見てみましょう。細長い四角
は何個あるでしょうか？
（答えは 127 ページ）

4

4をおったところ。
しろいところがじく。
じくをちいさくすると
かさがおおきくなる。

したをすこしずらしておる。

「比較」と「対称」

ただ折るだけではもったいない！　おりがみは、算数の概念を身につけられるとても優れた教材です。
「数」「形」だけではなく、「比較」や「対称」などの算数の概念を体験することもできます。おりがみを折りながら、下のようにお子さまに声をかけてあげてください。

比較

どの三角がいちばん大きいかな？
どちらが大きいかな？

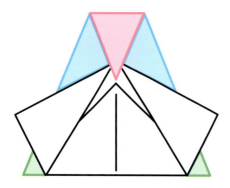

対称

折ったものを開いてみよう。
上と下、同じ形になっているね。

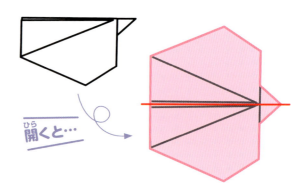

開くと…

また、「重ねる」「回転する」「うらがえす」などの「算数言葉」を使うこともできます。
ぜひお子さまとお話ししながらおりがみを楽しんでくださいね。

左に回転しよう

むきをかえる

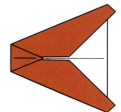

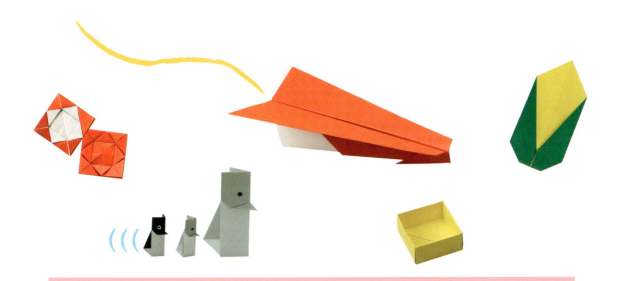

5

さんかくのなかまあつめ

さいしょに、おなじかたちのさんかくをつくります。
さんかくがなんこできたか、かぞえながらおりましょう。

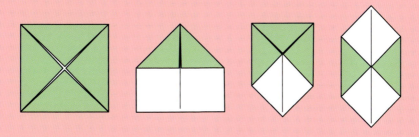

おにぎり

おにぎりのなかみはなにかな？
しゃけ、うめぼし、なんでもオーケー。
のりでまいたらかんせいです。

むずかしさ

3

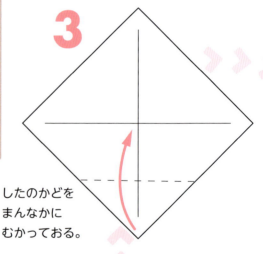

したのかどを
まんなかに
むかっておる。

1

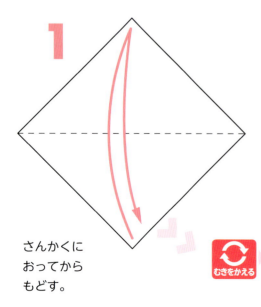

さんかくに
おってから
もどす。

むきをかえる

2

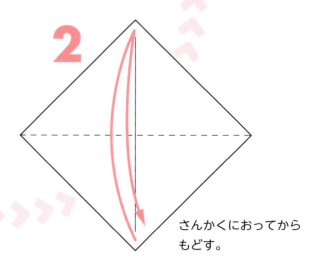

さんかくにおってから
もどす。

4

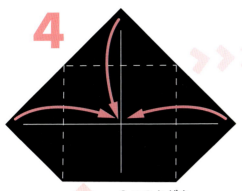

3このかどを
まんなかに
むかっておる。

うらがえす

5

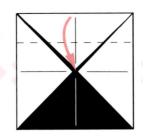

うえのはしを、まんなかの
せんにあわせておる。

6

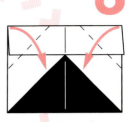

かどを
さんかくに
おる。

7

かどを
すこしおる。

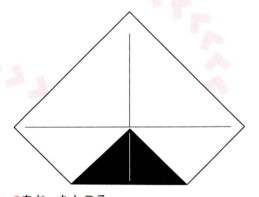

3をおったところ。
このさんかくがのりになる。

できあがり

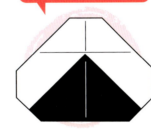

うらがえす

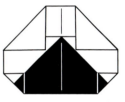

7をおったところ。

いただきます

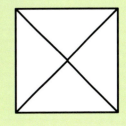

**算数に
つよくなる**

三角のなかまが集まると……？

2でできた折りすじを見てみま
しょう。同じ大きさ・形の三角
が4個あります。「三角」が集ま
ると「四角」になるなんて、不
思議ですね。

バッグ

ながしかくのバッグ。
ふたをひらいて、なかのポケットに
にもつをいれてつかいましょう。

むずかしさ

1 さんかくにおってから
もどす。

2 さんかくにおってから
もどす。

むきをかえる

98

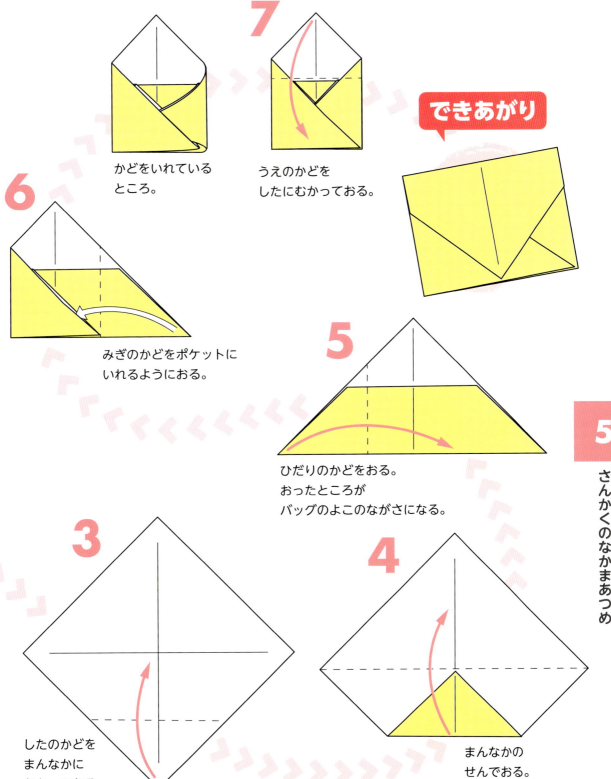

かどをいれている
ところ。

7 うえのかどを
したにむかっておる。

できあがり

6 みぎのかどをポケットに
いれるようにおる。

5 ひだりのかどをおる。
おったところが
バッグのよこのながさになる。

3 したのかどを
まんなかに
むかっておる。

4 まんなかの
せんでおる。

とう
もろこし

はっぱにくるまった
とうもろこしをしゅうかく！
きいろいみがおいしそうですね。

⭐⭐⭐

むずかしさ

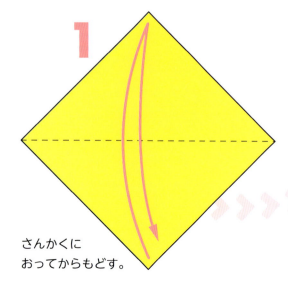

1

さんかくに
おってからもどす。

2

さんかくに
おってからもどす。

むきをかえる

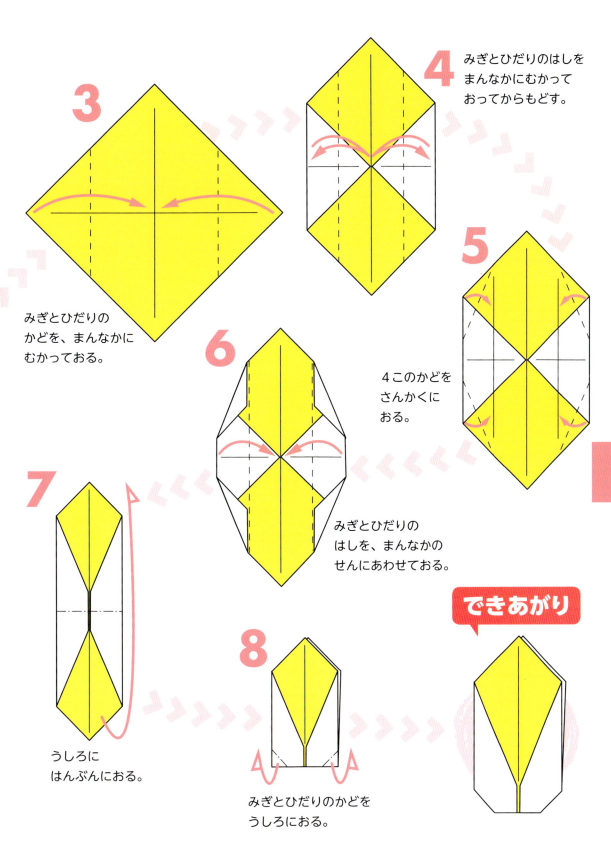

3

みぎとひだりの
かどを、まんなかに
むかっておる。

4 みぎとひだりのはしを
まんなかにむかって
おってからもどす。

5 4このかどを
さんかくに
おる。

6 みぎとひだりの
はしを、まんなかの
せんにあわせておる。

7 うしろに
はんぶんにおる。

8 みぎとひだりのかどを
うしろにおる。

できあがり

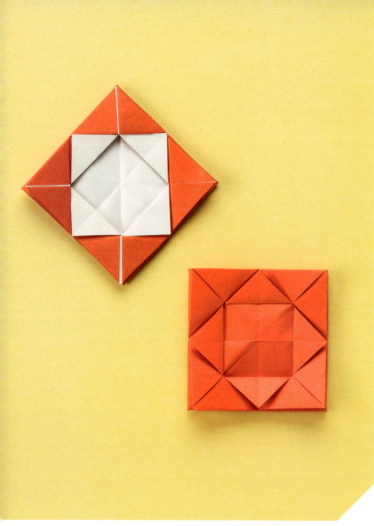

ばら

はなびらがなんまいもかさなった
きれいなばらのはな。
りょうめんにいろがついた
かみでおってもすてきです。

⭐⭐⭐

むずかしさ

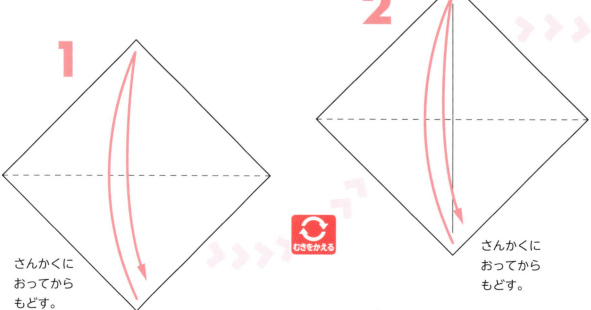

1

さんかくに
おってから
もどす。

2

むきをかえる

さんかくに
おってから
もどす。

6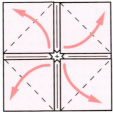

まんなかに
あつまっている
4このかどをおる。

7
まんなかに
あつまっている
4このかどをおる。

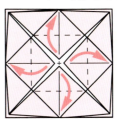

5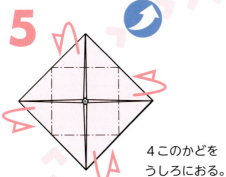

4このかどを
うしろにおる。

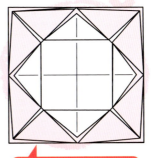

できあがり

4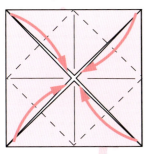

4このかどを
まんなかに
むかっておる。

3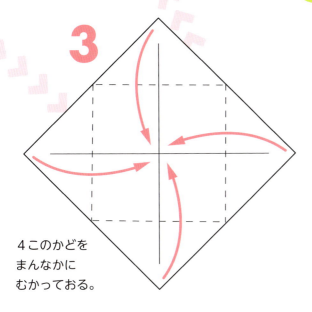

4このかどを
まんなかに
むかっておる。

**算数に
つよくなる**

四角が
どんどん小さくなる！

4で4個のかどをまんなかにむかって折ると、半分の大きさの四角になります。
5の四角を分解して、4の四角にのせてみましょう。「半分」になったことを確かめられます。

4 **5**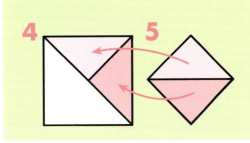

ひこうき

★★★
むずかしさ

おなじかたちのつばさをもつ、ひこうき。
かぜにのって、とおくまでとんでいきますよ。

1

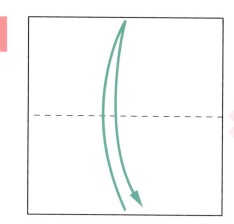

はんぶんにおってから
もどす。

むきをかえる

2

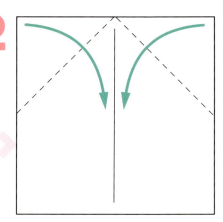

みぎとひだりのかどを
まんなかにむかっておる。

むきをかえる

5
うしろへ
はんぶんにおる。

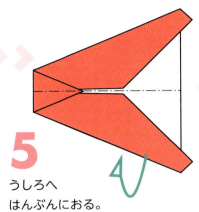

4
うえのかどを
さんかくにおる。

6
つばさをまえと
うしろにおる。

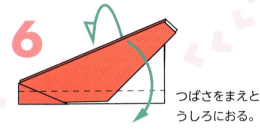

できあがり

3
みぎとひだりのかどを
まんなかにむかっておる。

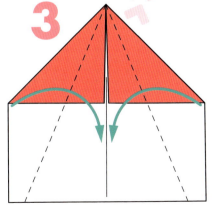

遊んでみよう

思いきり飛ばそう

えいっ

2枚の翼が平面になるように整えて、ひこうきを飛ばします。友だちといっしょにつくって、だれがいちばん飛ぶか競争してみましょう。

つくえ、いす

むずかしさ

つくえのさいごのおりかたをかえれば、いすができます。
じぶんのへやにあういろで、おってみましょう。

つくえ

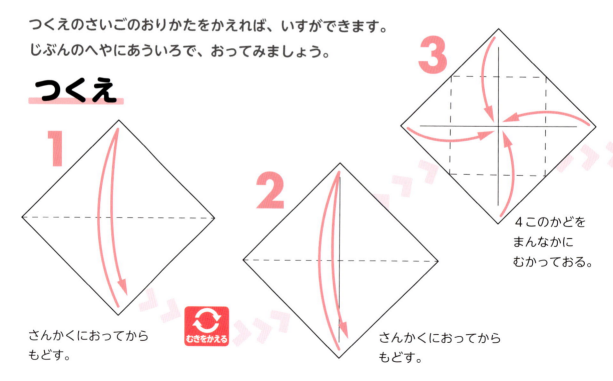

1

さんかくにおってから
もどす。

むきをかえる

2

さんかくにおってから
もどす。

3

4 このかどを
まんなかに
むかっておる。

4

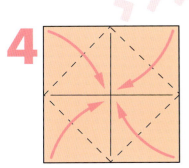

4をおったところ。

4このかどを
まんなかに
むかっておる。

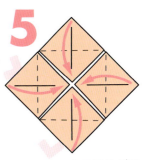

5

4このかどを
まんなかに
むかっておる。

5をおった
ところ。

6

4このポケットに
ゆびをいれて
ひらいてつぶす。

できあがり

3をおった
ところ。

5

さんかくのなかまあつめ

7

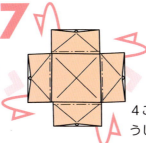

4このしかくを
うしろにたてておる。

いす

つくえの**6**まで
おって
スタート。

7

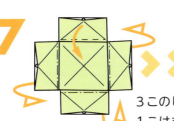

3このしかくはうしろに
1こはまえにたてておる。

できあがり

はこ

おりすじをしっかりつけて、はこをつくりましょう。
すこしおおきいかみでおれば、ふたができますよ。

1

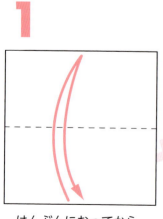

はんぶんにおってから
もどす。

2

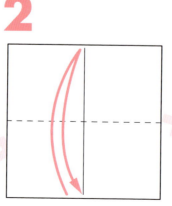

はんぶんにおってから
もどす。

3

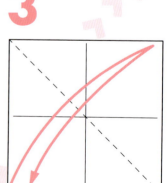

ななめにおってから
もどす。

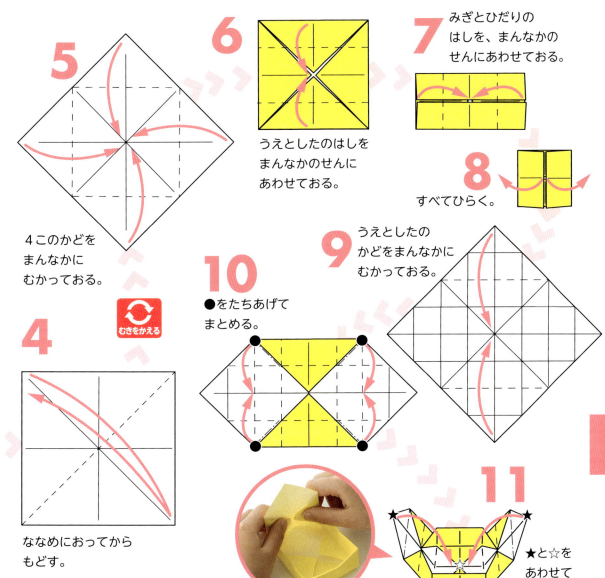

5

4このかどを
まんなかに
むかっておる。

6

うえとしたのはしを
まんなかのせんに
あわせておる。

7 みぎとひだりの
はしを、まんなかの
せんにあわせておる。

8 すべてひらく。

9 うえとしたの
かどをまんなかに
むかっておる。

むきをかえる

4

ななめにおってから
もどす。

10 ●をたちあげて
まとめる。

11 ★と☆を
あわせて
おりたたむ。

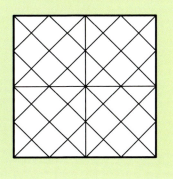

できあがり

**算数に
つよくなる**

おりがみを
広げてみよう

できあがったはこを、すべて広げ
てみましょう。折りすじを見ると、
たくさんの小さな四角や三角が集
まっていることがわかります。

ぺんぎん

★★★
むずかしさ

こおりのうえを、トコトコあるくぺんぎんたち。
からだをはんぶんにおると、たつことができますよ。

1

さんかくにおってから
もどす。

むきをかえる

2

さんかくにおってから
もどす。

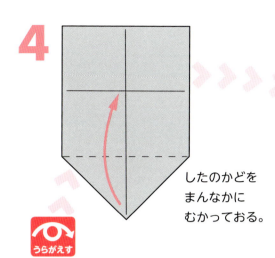

4

したのかどを
まんなかに
むかっておる。

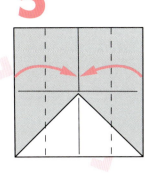

5

みぎと
ひだりのはしを
まんなかに
むかっておる。

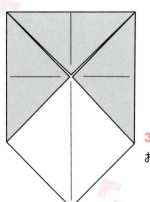

3を
おったところ。

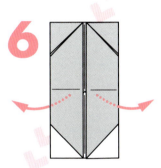

6

うしろにある
みぎとひだりの
さんかくをひらく。

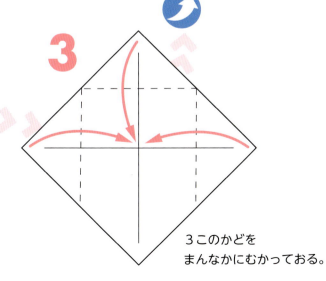

3

3このかどを
まんなかにむかっておる。

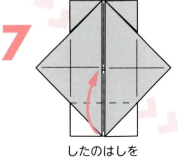

7

したのはしを
まんなかに
むかっておる。

つぎの
ページへ

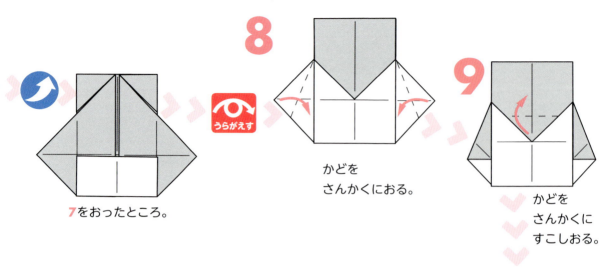

8

9

7をおったところ。

かどを
さんかくにおる。

かどを
さんかくに
すこしおる。

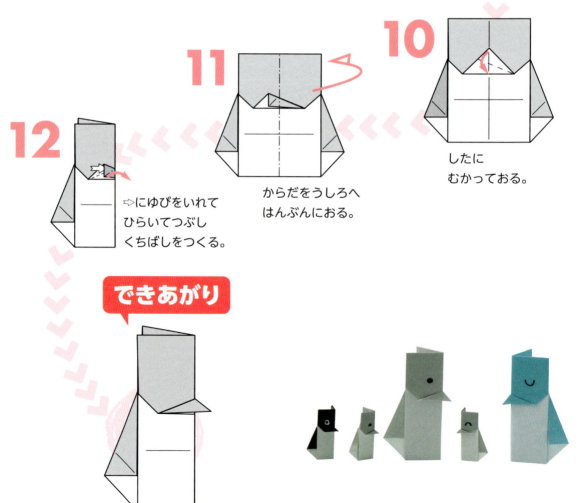

10

したに
むかっておる。

11

からだをうしろへ
はんぶんにおる。

12

⇨にゆびをいれて
ひらいてつぶし
くちばしをつくる。

できあがり

6

2まいのかみでつくろう

ちがうかたちを2こくみあわせましょう。2まいのおり
がみをつかえば、いろいろなさくひんができますよ。

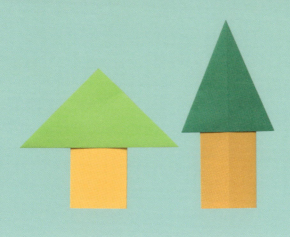

き

  むずかしさ

 2 まい のり

さんかくのはと、しかくいみきで、きをつくりましょう。
たくさんつくったら、もりができますよ。

は

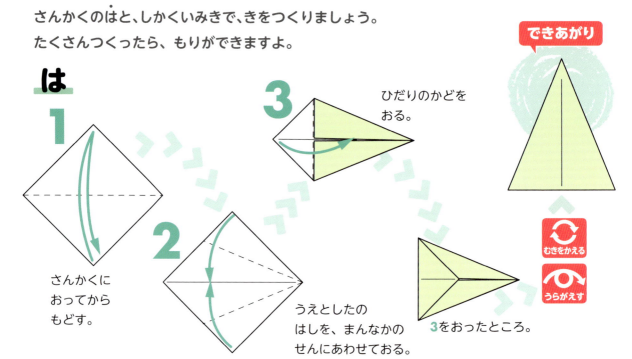

1 さんかくに
おってから
もどす。

2 うえとしたの
はしを、まんなかの
せんにあわせておる。

3 ひだりのかどを
おる。

3をおったところ。

できあがり

むきをかえる

うらがえす

114

みき

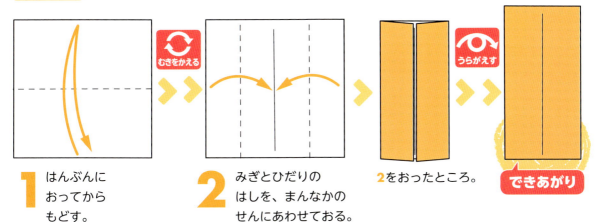

1 はんぶんに
おってから
もどす。

むきをかえる

2 みぎとひだりの
はしを、まんなかの
せんにあわせておる。

2をおったところ。

うらがえす

できあがり

くみあわせる

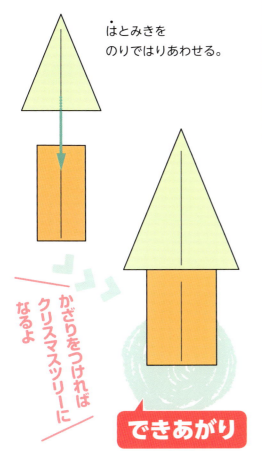

・はとみきを
のりではりあわせる。

かざりをつければ
クリスマスツリーに
なるよ

できあがり

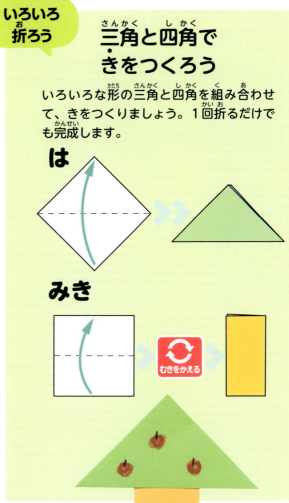

いろいろ
折ろう

三角と四角で
・きをつくろう

いろいろな形の三角と四角を組み合わせ
て、きをつくりましょう。1回折るだけで
も完成します。

は

みき

むきをかえる

きつね

さんかくのみみ、さんかくのかお、
さんかくのしっぽ。
きつねにはさんかくがいっぱい！

むずかしさ

のり

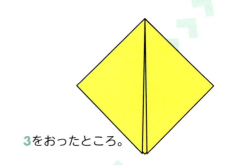

3をおったところ。

あたま

1

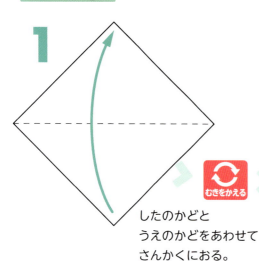

したのかどと
うえのかどをあわせて
さんかくにおる。

3

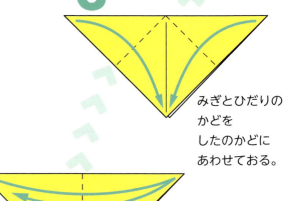

みぎとひだりの
かどを
したのかどに
あわせておる。

2

よこはんぶんに
おってからもどす。

4

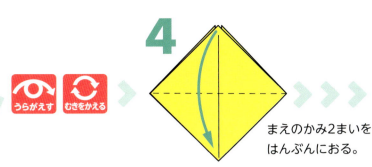

まえのかみ2まいを
はんぶんにおる。

できあがり

からだ

あたまの**3**まで
おってから
スタート。

4

かどがでるよう
ななめうえにおって
しっぽをつくる。

5

したのかどを
うえにおる。

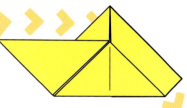

5をおったところ。

できあがり

うらがえす

くみあわせる

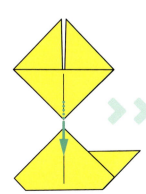

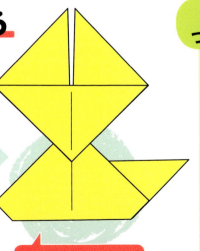

あたまとからだを
のりではりあわせる。

できあがり

さんすう
**算数に
つよくなる**

あたまの
形を比べよう

きつねのあたまは、3個の三角
でできています。耳の2個の三
角は、同じ形です。顔の三角は、
耳の三角の2個分ですね。

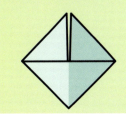

まめ

むずかしさ

2 まい

はさみ

さやのなかに、ちいさなまめが４こ。
まめは、おりがみを４まいにきりわけております。

さや

1

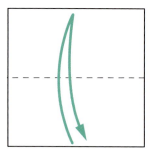

はんぶんにおってから
もどす。

2

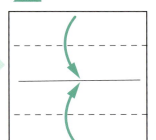

うえとしたの
はしを、まんなかの
せんにあわせておる。

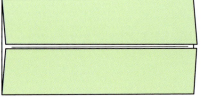

2をおったところ。

うらがえす

まめ

おりがみを4まいに
きりわけて
つかいます。

1
さんかくに
おってから
もどす。

むきをかえる

2
さんかくに
おってからもどす。

むきをかえる

3
4このかどを
まんなかに
むかっておる。

4
4このかどを
まんなかに
むかっておる。

5
4このかどを
すこしおる。

5を
おった
ところ。

うらがえす

できあがり

3
4このかどを
まんなかにむかっておる。

4
はんぶんにおる。

ポケットにまめをいれるよ

できあがり

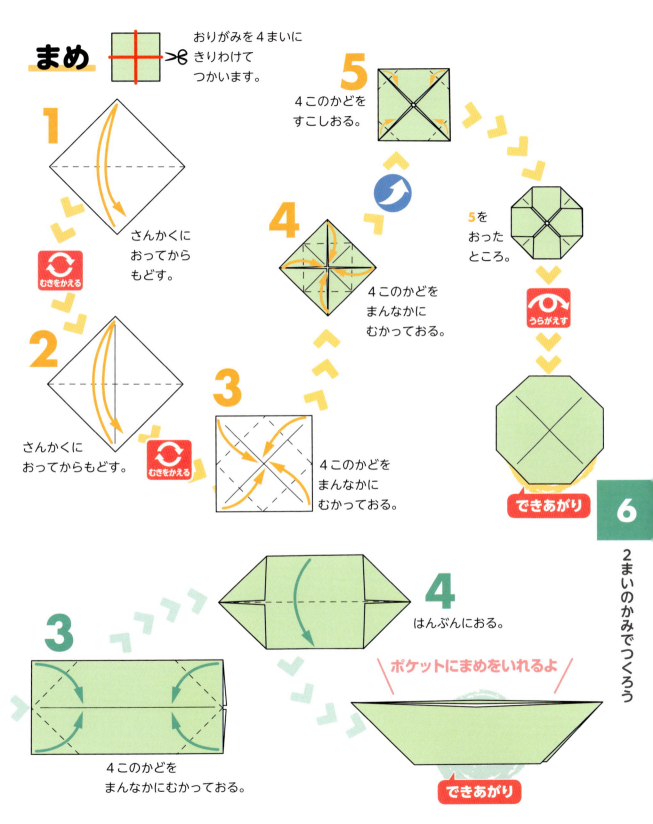

ようせい

 むずかしさ

 2まい

 のり

さんかくのぼうしをかぶった、おしゃれなようせい。
ぼうしとおそろいのようふくもきせてあげましょう。

あたま

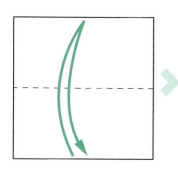

1 はんぶんに
おってから
もどす。

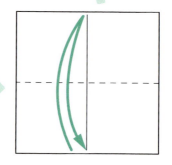

2 はんぶんに
おってから
もどす。

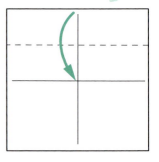

3 うえのはしを
まんなかの
せんに
あわせておる。

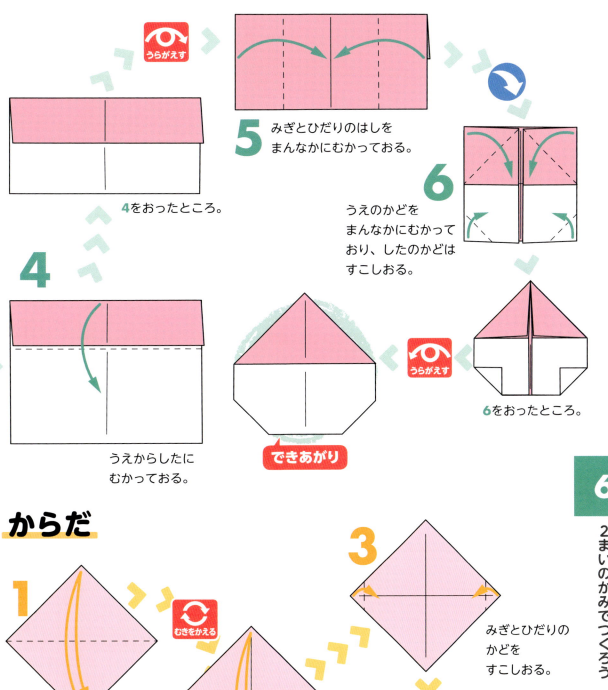

5 みぎとひだりのはしを
まんなかにむかっておる。

6 うえのかどを
まんなかにむかって
おり、したのかどは
すこしおる。

4をおったところ。

4 うえからしたに
むかっておる。

6をおったところ。

できあがり

からだ

1 さんかくに
おってからもどす。

2 さんかくに
おってから
もどす。

3 みぎとひだりの
かどを
すこしおる。

つぎの
ページへ

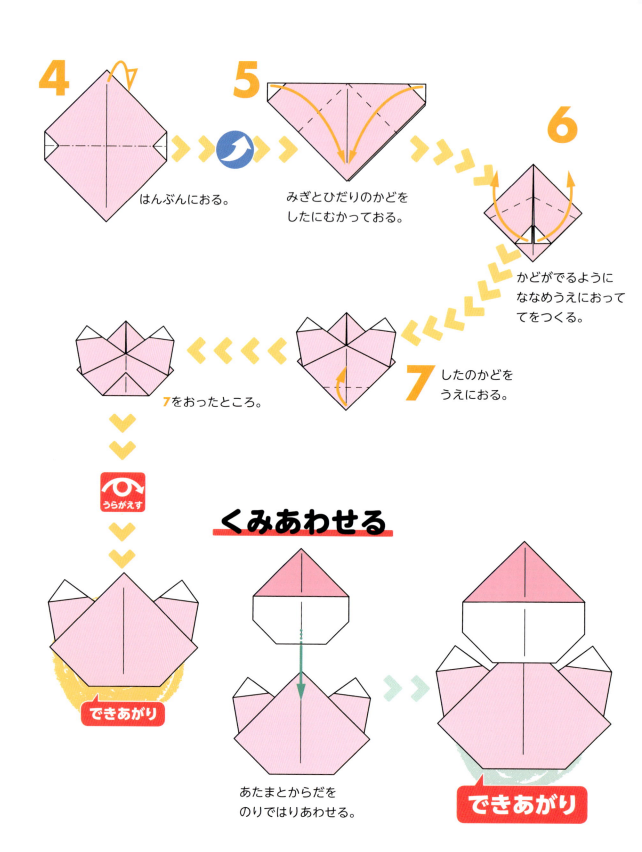

4 はんぶんにおる。

5 みぎとひだりのかどを
したにむかっておる。

6 かどがでるように
ななめうえにおって
てをつくる。

7 したのかどを
うえにおる。

7をおったところ。

うらがえす

くみあわせる

できあがり

あたまとからだを
のりではりあわせる。

できあがり

きゅうきゅうしゃ

★★★ むずかしさ　2 まい

あかいランプをひからせた、きゅうきゅうしゃ。
はやくはしるために、タイヤもいっしょにつくりましょう。

しゃたい

1

したからうえに
はんぶんにおる。

2

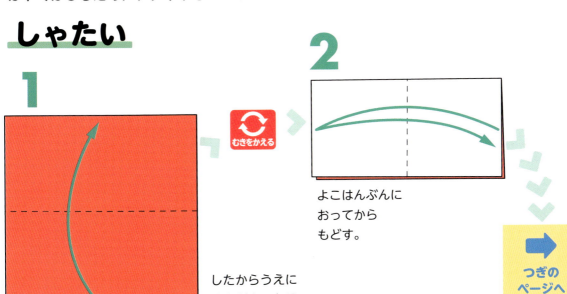

よこはんぶんに
おってから
もどす。

6

2まいのかみでつくろう

→ つぎの
ページへ

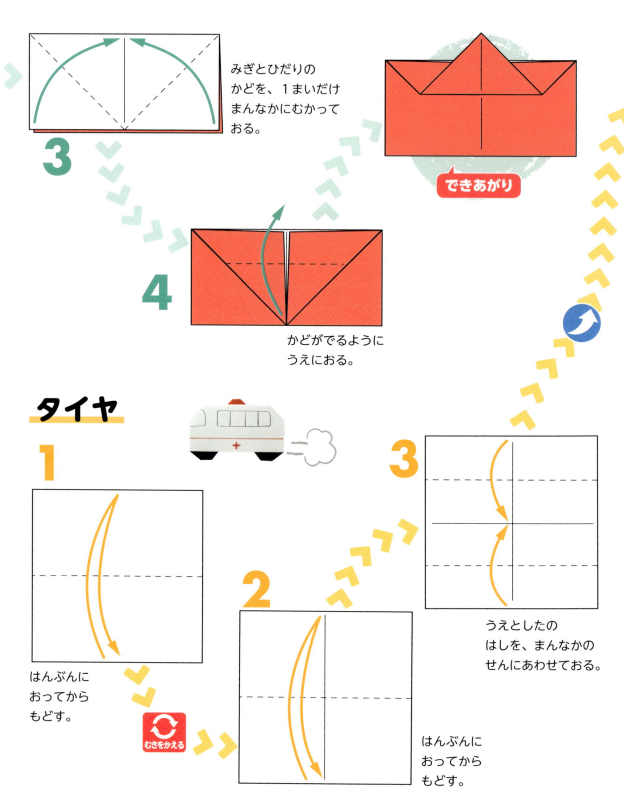

3

みぎとひだりの
かどを、1まいだけ
まんなかにむかって
おる。

できあがり

4

かどがでるように
うえにおる。

タイヤ

1

はんぶんに
おってから
もどす。

むきをかえる

2

はんぶんに
おってから
もどす。

3

うえとしたの
はしを、まんなかの
せんにあわせておる。

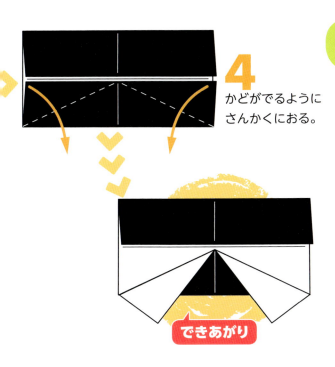

4 かどがでるように
さんかくにおる。

できあがり

**算数に
つよくなる**

いろいろな
形の四角

できあがりの形の中にある、四角を探しましょう。ランプとタイヤの形を比べると、同じ四角ですが形がちがいますね。四角にもいろいろな四角があることを「発見」してみましょう。

くみあわせる

1

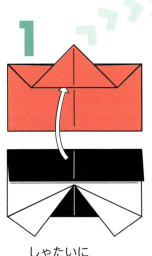

しゃたいに
タイヤをはさみこむ。

はさみこんだところ。

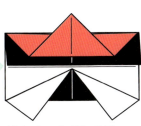

うらがえす

2

5このかどを
うしろに
すこしだけおる。

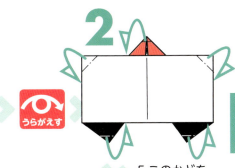

できあがり

6 ２まいのかみでつくろう

さくいん

算数コラムの答え

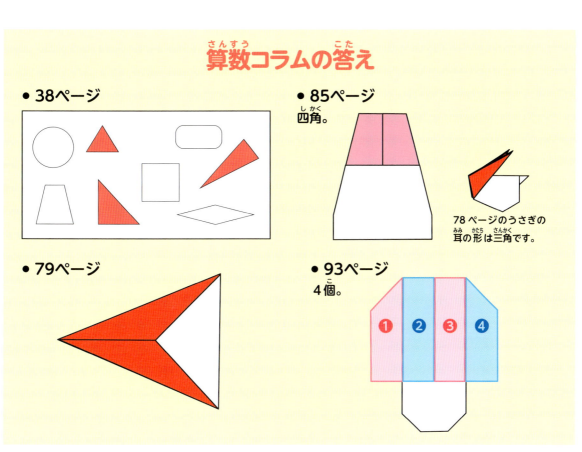

● 38ページ

● 85ページ
四角。

78ページのうさぎの
耳の形は三角です。

● 79ページ

● 93ページ
4個。
❶ ❷ ❸ ❹

◆折り紙指導　津留見裕子

日本折紙協会師範、幼稚園教諭。幼稚園教諭としての経験をもとに、子どもが折りやすいおりがみを創作している。保育雑誌などでも活躍中。著書に『おりがみよくばり百科』『保育のおりがみまるごとBOOK』（ともに、ひかりのくに）など多数。

◆知育監修　大迫ちあき

（一社）日本幼児さんすう協会代表理事、（公財）日本数学検定協会認定数学コーチャー＆幼児さんすうエグゼクティブインストラクター。大手個別指導塾で中学受験算数の担当講師を長年にわたりつとめた後に独立。理数系に強い子どもを育てるスクールを運営しながら、指導者育成にも力を入れている。著書に『算数ができる子の親がしていること』（PHP文庫）。

モデル	山本伊織くん　菅原小楽ちゃん（NEWS エンターテイメント）
撮影	大見謝　星斗（世界文化ホールディングス　写真部）
デザイン	ダイアートプランニング（白石友祐、髙島光子）
DTP	長谷川慎一
折り図	菅原良子
キャラクターイラスト	楢原美加子
協力	幼児さんすうスクール SPICA®
校正	株式会社円水社
編集	株式会社スリーシーズン（松本ひな子、新村みづき）
	小栗亜希子

楽しく算数センスが身につく！
おりがみ百科 3・4・5才

発行日 2017年12月25日　　初版第1刷発行
　　　　2025年5月30日　　　　第9刷発行

折り紙指導	津留見裕子
知育監修	大迫ちあき
発行者	千葉由希子
発行	株式会社世界文化社
	〒102-8187　東京都千代田区九段北 4-2-29
	編集部／☎03-3262-5118
	販売部／☎03-3262-5115
印刷・製本	株式会社リーブルテック

© Yuko Tsurumi,Chiaki Osako,2017. Printed in Japan
ISBN 978-4-418-17818-6

本書の内容に関するお問い合わせは、
以下の問い合わせフォームにお寄せください。
https://x.gd/ydsUz